自転車で行く「野ざらし紀行」逆まわり

団塊世代がんばれ！

俳句の生まれる現場

大竹多可志
Otake Takashi

自転車で行く「野ざらし紀行」逆まわり　目次

善光寺
長野
姨捨
猿ヶ馬場峠
麻績
西条
姨捨山
坂城
浅間山
軽井沢
高崎
会田
立峠
善光寺道
松本
郷原
碓氷峠
和田峠
塩尻
塩尻峠
洗馬
下諏訪
奈良井
鳥居峠
諏訪湖
藪原
長野
東京
日野宿本陣
韮崎
笹子駅
東京駅
笹子峠
猿橋
高尾山
山梨
神奈川
横浜
富士山
小田原
箱根
三島
静岡
由比
静岡
丸子
駿河湾
金谷
島田
小夜の中山
日坂

自転車で行く「野ざらし紀行」逆まわり 全ルート

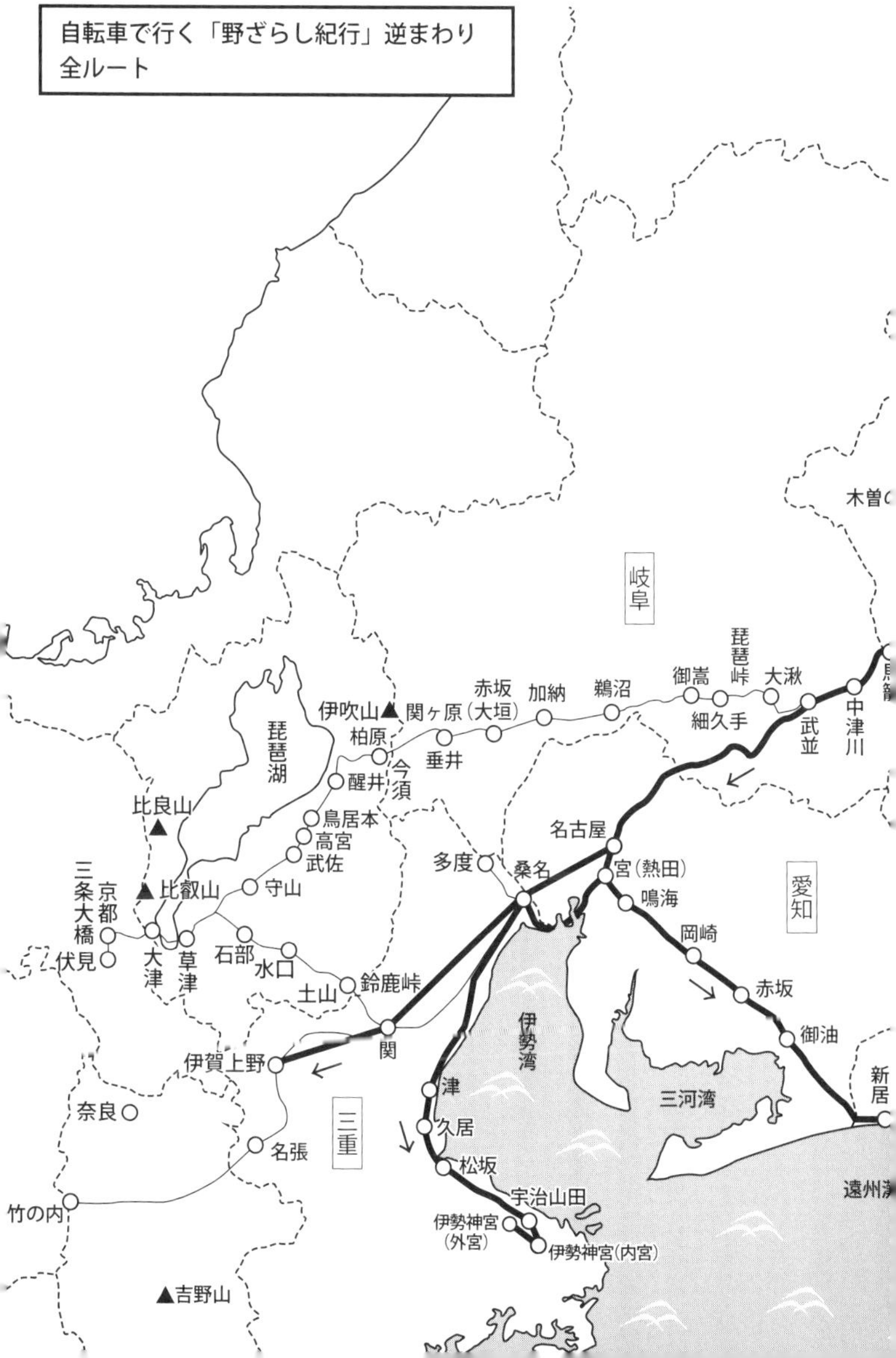

イラスト　伊藤柳香

団塊世代がんばれ！

自転車で行く「野ざらし紀行」逆まわり

——俳句の生まれる現場——

追ひ付けぬ夢を見てをり虹の帯　多可志

第1次　東京から高尾山へ

はじめに

あれから五年が経ちました。そうです。皆さん、覚えておられますか。平成一九年六月に「自転車で行く『奥の細道』逆まわり」の旅で大垣を出発し、日本海を北上、酒田から石巻を目指し日本列島を横断、太平洋岸を南下、平成二〇年一二月に深川の芭蕉庵に到着した、行程約一八〇〇キロ、四〇泊七一日の団塊世代のロマンの旅。そうです。あれから五年が経ちました。昨年三月一一日の東日本大震災では東北の太平洋沿岸は掛替えの無い多くの人命を失いました。夢にも思わぬことでした。今、私は「無常」という言葉の重みをしみじみと感じています。大震災以降、私の思ったことは「やるべきことは明日に延ばさない。今日一日を懸命に生きる」ことでした。前回の「自転車で行く『奥の細道』逆まわり」の旅の終りに〈**また旅に出たき思ひも除夜の鐘**〉と詠い筆を置きました。今年

は六四歳、来年は高齢者といわれる年齢になります。精神と体力の萎えないうちに何かやりたいとの思いが強まり、今回の「自転車で行く『野ざらし紀行』逆まわり」の旅を決意しました。出発まで「行くべきか、止めるべきか」さんざん迷いました。「野ざらし」とは「髑髏」のことです。この言葉が長丁場の旅の不安を掻き立てました。人間なんて弱いものです。

立春や旅の仕度を急がねば
雁風呂や便りの返事いまだ来ず
自転車のペダルの重き余寒かな

今回の逆まわりの旅は、芭蕉の『野ざらし紀行』と『更科紀行』のミックスです。旅の起点を東京駅とし、甲州街道で塩尻を目指します。輪行で姨捨に行き、そこより塩尻に戻り、木曽路を名古屋、そこから伊勢神宮、伊賀上野を目指します。帰路は東海道を東京へ下る旅となります。行程、約一二〇〇キロ、実働三〇日ぐらいで、以前、行った奈良・吉野・京都・近江などは割愛を考えています。この旅にアクシデントは付き物です。「どうなることやら」です。命に別状なければ「人の不幸は蜜の味」といいます。読者の皆さんの中には、「応援していますす」というながら、自転車の旅のアクシデントを秘かに期待されている方もいるようですが、俳人が廃人にならないよう「適当にがんばります」。馬鹿なことを言っている間に出発の日になってしまいました。

蕉翁の思ひを背負ふ弥生かな
明日はもう旅に出る日の朧かな
夜桜の魔性の闇を纏ふ旅

旅立ち

平成二四年四月八日（日曜日）晴。前日そんなに早くも寝ていないのに、午前一時前に目が覚めた。妻と缶ビールを一本飲み寝てしまったので、荷物の整理が完全に終っていない。リュックに荷物を詰め直したがまだ午前二時である。まだ早すぎる。もう一度、寝る。四時半に起きるつもりでいた。妻用の目覚し時計が鳴る。五時一〇分である。妻の起床は五時半であるが、なぜか、妻用の目覚し時計は二〇分進めてある。本日、妻は日曜出勤であった。これで幾分、助かった。取り急ぎ、顔を洗う。妻、起きて来て、優しく「昨日の残りを食べて行って」である。まこと「賢婦の鏡」である。そうだ。馬鹿なことを言っている時間はなかった。五時四〇分、家を出る。「無事に戻れるかな？」と秘かに思う。いつもの事である。

『野ざらし紀行』の冒頭に次の一文がある。

「千里に旅立て、路粮をつゝまず、三更月下無何に入」と云けむ、むかしの人の杖にすがりて、貞享甲子秋八月、江上の破屋をいづる程、風の声、そゞろ寒気也。

野ざらしを心に風のしむ身哉
秋十とせ却て江戸を指古郷

何か私の気持ちを代弁してくれているようだ。退職してもう五年である。故郷を離れて四五年である。残りの人生もあと二〇年あれば御の字である。

世の中の早き変化や西行忌
葱坊主いつか一人となる身なり
故郷の記憶かすかに春炬燵

早朝の空気はひんやりとしている。JR尾久駅まで歩く。約一五分、久し振りの荷物が堪えた。普段より五分余分に掛かった。電車賃、三〇〇〇円をチャージ。六時一〇分発の上野駅に乗る。日曜の始発電車であるが、結構混んでいる。仕事か、遊びか。東京人は忙しいのだ。上野駅で山手線に乗り換える。「ドアが閉まります」といって、一呼吸あったので乗り掛けたら久し振りにドアに挟まれた。自転車がガッシャンと音をたてた。「スポーク、大丈夫かな?」と自転車をさする。分かる訳はなかった。東京駅に着く。六時三三分到着予定であったが、一本前に乗ったようだ。少し早く着いた。それでドアに挟まれた。「まぁ、いいか」。東京駅丸

東京駅

の内北口に出る。早朝というのに人が多い。ここは全国からの高速バスの終着点になっている。乗客は年配のご婦人が多い。「寒い！」と言っている。自転車を組み立てる。リュックをバランス良く載せられない。やり直す。何せ、この自転車に荷物を積むのは四年振りである。そうだ。この自転車の紹介をしよう。重量六・五キロ、五年前の世界最軽量の折畳み式自転車である。実際はオプションを付けたので約一〇キロはある。タイヤの径は一四インチ（約三五センチ）。子供用の補助輪の付いた自転車が一六インチである。いかに小さいかが分かっていただけると思う。無論、この自転車は長距離用ではない。無理は承知の自転車旅行である。

容赦なく時間の過ぎる春の朝
東京へバスが集まり花の冷え
先行きの不安な旅の春や寒

六時五五分、東京駅をバックに写真を撮る。ペダルを静かに踏み出す。少しふらつきながら自転車が走り出す。前途多難が予想される一二〇〇キロの旅の始まりである。自転車が毀れるか、私が毀れるかの勝負である。どちらも毀れないようにと、皆さん、祈っていただきたい。

鳥雲にガラスのビルが蒼く反る
木々芽吹く鳩の意外に綺麗な目
自転車のふらつく影や春疾風

皇居

すぐ、内堀通に出る。皇居である。早朝というのに、歩く人、走る人、漕ぐ人で賑やかである。ほとんどの人は反時計方向に動いている。私は逆である。お堀の桜は満開。一応に皆さん「寒い！」と言っている。花冷えだ。気分がスカッとするが、私も寒かった。二重橋・桜田門・国会前・三宅坂を経て半蔵門に出る。さすがに皇居は広い。半蔵門から満開の千鳥ヶ淵の桜を見て新宿通りに出る。

散る花に東京と言ふ不思議かな
花の屑時の流れの止められず
花冷や千鳥が淵に深き礼

麹町・四谷を通る。この辺は東京の中心部に近い。新宿御苑の側に、新宿御苑トンネルが見えた。トンネルは恐い。まず、自転車で通れるかどうかだ。ラッキー。立ち番のおまわりさんがいる。私「トンネルは自転車で通れますか？」警察官「駄目です。あのビルの脇を行きなさい。距離はほとんど同じで、新宿駅南口に出られます」私「ありがとう」警察官「お気をつけて」。実に簡潔で気持ちの良い会話だった。自分に優しく、親切な人は全て良い人である。〈**親切な若き警官うららけし**〉「うららけし」は現実にぴったりとは言えなかったか。黙認。

午前八時。そうこうする内に、新宿駅南口に着く。日曜日の早朝なのに、さすが新宿、人が多い。東京駅から七キロである。約一時間かかった。都心は交通量が多く「危険が危ない」ので歩道を走っている。つまらぬ駄洒落でも言っていないとやっていられない。平均速度八キロ。ジョギングの人には抜かれた。暫くは辛抱である。安全第一である。幾分、疎外されているが私にも家族がいる。定年後の今が私の人生なのだ。この頃、独り言が多い。暫く行く。左手に娘の母校、文化女子大学が見えた。凄いビルである。学費もだいぶ払った。新国立劇場の手前に、ＮＴＴ東日本の本社ビルが見える。私は元ＮＴＴ社員である。幾分、懐かしくもあった。京王線の調布駅・府中駅の傍を通過する。この辺は欅並木である。芽吹き直前といったところだ。自転車の旅で困るのはトイレである。さっきから目がうろうろとトイレを探している。〈**うららの太陽を負ふ春や憂し**〉

午前一一時。国立市の谷保天満宮に着く。新宿駅南口から二六キロ、向い風のアップダウンの三時間の道程はきつかった。バットを持った自転車のおじさんにいきなり、私「トイレはどこですか?」おじさん、怪訝な顔で「鳥居の先にあるよ」私、思わず照れ笑い。トイレがあった。一安心。トイレは何と、掃除中。掃除をしているおじさんに挨拶をして、使わせていただく。よかった。落ち着いてよく見ると、ここは小さな梅林になっている。小さな茶店もある。何と、神鶏が二〇羽ぐらいいる。**〈神鶏の伸びやかに鳴く春深し〉**

「腹が減った!」そう言えばここまで休憩もしていなかった。持ってきたお稲荷さんを食べる。神鶏が寄ってきた。私「あげないよ」意地悪をしてしまった。神鶏は矮鶏であった。**〈矮鶏の目のくるりと回る春の昼〉**日本の鶏は実に綺麗だ。元気を取り戻し、日野駅に向かう甲州街道(国道二〇号線)をひたすら走る。交通量の少ない時と思い日曜日の早朝の出発としたが、それでもかなりの車である。しかし、この道は一本道で分かり易かった。**〈甲州と言ふ名が残り春の風〉**

一一時三五分。谷保天満宮から三キロ、二五分。日野橋の手前の桜の名所、根川に着く。桜も見ながら散策する人で賑やかである。ここから「日野かびれ会」

日野宿本陣

の矢島艶子さんに電話をする。私「今、日野橋の手前にいます」艶子「日野橋を渡って、日野警察署の先の日野宿本陣を見て来て！」と言う。言われた通り、多摩川を渡る。実に素直な行動である。

一一時五〇分。日野橋から二キロ、一五分。重厚で格式の高そうな建物があった。甲州街道の中心を為した日野宿の本陣である。写真を撮っていたら、こんな所に若い女性が一人で来た。まるで歌の世界のようだ。お願いして写真を撮って頂いた。ラッキーである。丁度そこに艶子さんから電話。「今、どこにいるの」私「日野宿本陣前にいます。写真を撮っています」。実はお腹が空いたのでお稲荷さんを食べていた。日野駅に向かう。〈**ぐうぐうと腹の虫鳴く春の昼**〉このように品位のない句はたとえ有季定型であっても俳句とはいわない。ご注意。

丁度、一二時。日野駅前の自転車の陰に、矢島艶子さんが見える。〈**旅の師を待つ街道や花万朶**　艶子〉一人ではなさそうだ。四人いる。私、四人に大きく手を振った。「わぁ、凄い。早かった！」ひとしきり、意味不明の文法無視の会話。その後、「お昼にしましょう」ということになった。近くの御寿司屋に入る。ご馳走になった。美味しかった。寿司はランチタイムに限る。〈**再会の会話の弾む**

春の午後〉春の交通安全週間中なのでビールは自粛。当たり前か？
午後一時。一時間程、楽しく話をして、私は皆さんの視線を背中に感じながら高尾山に向かう。私は振り向かず、大きく手を振った。「わぁー」という声が聞こえた。「さようなら。お元気で！」見送られるのは苦手だ。〈**初蝶の舞ふ空そよと風が吹く**〉〈**初蝶や別れは苦手振り向かぬ**〉「日野かびれ会」の皆さんに一句ずついただいた。

迎ふるも送るも笑顔春日濃し　柳　良子
行き先の話たのしき花の昼　和田英子
春日差す手を振り送る師の背中　立川とも子
鳥雲に千里の旅の無事祈る　矢島艶子

日野坂を登る。バス停の傍の土手で、おばさんが何かを採っている。土筆だ。顔を出したばかりのようだ。おばさん「今年は寒かったので遅いの」と言う。〈**土筆摘む女の指の老いにけり**〉ひたすら八王子を目指し走る。「なんでこんな事をしているのかな」と自問自答。ボヤキが出た。多摩御陵の案内板があった。だいぶ前、先師小松崎爽青と吟行に来た覚えがある。あの頃はみんな元気で若かった。〈**忘却の彼方ただよふ春の雲**〉この辺の並木は銀杏である。〈**遠目には銀杏の芽吹きまだ見えぬ**〉道も新しく広い。前方から女性を含むサイクリスト四人がこちらに向かってくる。確か、調布あたりで私を軽く追い抜いて行ったグループである。彼らは帰路、私はまだ目的地に行き着かない。向い風に抗うこと、一時間三〇分、一二キロ。一四時三〇分、やっと、ようやく、高尾駅前に到着。「よかった！」到着記念に写真を一枚撮る。駅の傍の駐輪場で自転車を折り畳む。平均年齢七五歳ぐらいと見られる男女一〇人ぐらいが楽しそうにお茶をしている。高尾山を登って来たようだ。仲間同士の会話。「どうして立っているの」「一度、座ったら立ち上がれない。そのうち、貴方にも分かるよ」。聞いていた私、即、納得。私も今日はメチャ疲れた。あれから五年は疲れる。〈**疲れとは齢に比例紫木蓮**〉

一五時二分の高尾発の京王線新宿駅経由で自宅に向かう。途中、電車の中で爆睡。一六時五〇分自宅に着く。所要時間、一一時間一〇分。走行距離、五〇キロ。実車時間、六時間三〇分。平均時速、七・七キロ（安全速度遵守？）

高尾駅

芭蕉は『野ざらし紀行』の巻末に旅の余韻を次の様に記している。

卯月の末、庵に帰りて旅のつかれをはらすほどに

夏衣いまだ虱をとりつくさず

私は旅の前途を思い、今日の旅を次のような一句で締め括った。

野ざらしの旅の初めは花万朶

次回は高尾駅から大垂水峠を越え、相模湖駅から上野原駅間を、旧甲州街道を通り鳥沢駅に出る。さらに大月駅を経由して笹子駅までの約四七キロ。かなりの山道である。吾が友「かびれ」の山形保紀さん、井上千代子さんが車で伴走してくれることになっている。「相棒、よろしく頼みます」。

今回のルート
次回のルート
東京
日野宿本陣
東京駅
高尾山
猿橋
山梨
神奈川
富士山
静岡

第2次　高尾山から猿橋へ

平成二四年四月二五日（水曜日）薄曇。本日の予定は前回のＪＲ高尾駅から高尾山の山裾を左に巻き、東京都と神奈川県の境界の大垂水峠（三九二メートル）を越える。峠から相模湖に向け甲州街道（国道二〇号線）を下る。相模湖から上野原（山梨県）に出る。ここから旧甲州街道（約二〇キロ）を走る。苦戦必死の山道である。そこから日本三奇橋の一つ猿橋を経由して、俳誌「かびれ」の友の待つ湯立人鉱泉に立ち寄る。ここから余裕があればＪＲ笹子駅まで行きたいと思っている。ＪＲ高尾駅から猿橋駅まで鉄道営業距離で三二キロ、笹子駅まで四七キロである。どこまで行けるか勝負である。**〈花終るまたも言ひ出す馬鹿なこと〉**

今回の難路を心配してくれた、俳誌「かびれ」の同志、山形保紀さん、井上

千代子さんの二人が秘かに車で伴走してくれることになっている。これは心強い味方である。この味方に助けられることになろうとは……？

東京に一つだけ残っている都電、荒川線荒川車庫前始発五時二七分に乗る。我が家から徒歩五分も掛からない。都電は始発とはいえ結構、混んでいる。**〈朝五時の都電に揺られ春の旅〉** ＪＲ山手線大塚駅、新宿駅を経由して京王線に乗換え高尾駅に着く。自宅を出て約二時間後の七時八分である。新宿駅でＪＲから京王線にる。

乗換えた方が時間は七分余分だが二七〇円安いことが分かった。お金持ちのセレブの皆さんに笑われそうだが、私は年金暮しなのである。〈**年金の暮し身に付く残花かな**〉この句は紛れもなく実感である。俳句は実感を大切にして、あとは発想が重要となるが、ただこの句は実感に押し潰されそうで哀れでもある。誰か助けて！

高尾駅前で自転車を組み立て、軽く準備運動をする。持参の葡萄パンをほおばる。〈**駅前の準備の朝の暖かし**〉七時三〇分出発。

助っ人の二人は高尾山近辺の甲州街道で私を追い抜くことになっている。

ＪＲ高尾駅から京王線高尾山口・高尾山ケーブルカー乗場に向け自転車を走らせる。朝早いので町は静かである。通学、通勤の人とすれ違うが、前回のような都会の喧騒はない。実に気持ち良い。〈**春の朝鵙がちらりと吾が目見る**〉〈**春の風六十路の背中また押され**〉〈**長閑けしや木の間飛び交ふ鳥の声**〉

気持ちよく走っているうちに、だんだん大垂水峠への登りがきつくなってくる。沢や滝の水音が耳にうるさく思える。〈**滝音をうるさく思ふ花曇**〉峠の約二キロ手前で自転車を降り、押して歩く。いつものことである。休まなければ良いのだ。歩いていればそのうち目的地に着く。〈**吾が影も春の景色の一部かな**〉

午前八時四〇分、突然、横断橋に「大垂水峠三九二メートル」の文字を発見。ＪＲ高尾駅から八キロ、一時間一〇分掛かった。展望台も茶店もない。景色もないただの山の中である。〈**うぐひすの声の近づく峠かな**〉〈**行く春や鳥の鳴き合ふ県境**〉〈**晩春の雲の重なる峠かな**〉

ここから相模湖まではカーブのきつい下り坂である。時々、大型トラックが私の自転車を邪魔そうに抜いて行く。これが危ない。私もなるべくトラックの機嫌を損なわないように、邪魔をしないように路肩を走る。時折、木の間から相模湖が見える。絶景！〈**自転車のスピードあがる春日かな**〉〈**春光裡ダム湖めがけて落ちてゆく**〉

現在、ＢＳで火野正平の自転車紀行「にっぽん縦断こころ旅」が放映されている。その火野正平のセリフに「人生下り坂、最高！」がある。私は最高があれば最低・最悪もあることを間もなく思い知らされることになる。

午前九時少し前、突然、後方より「先生、がんばって！」の声、車がゆっくりと走り去って行く。今回の応援の井上千代子さん、山形保紀さんの二人である。

午前九時、大垂水峠から六キロ、相模湖の一キロ手前で本日車で伴走してくれる、保紀さん、千代子さんと合流。一五分休憩。たわい無いお喋りに疲れを忘れる。「仲間はいいなぁ！」とつくづく思う。「ありがとう」。〈**昨日とは違ふ朝なり翁草**〉

午前九時一五分、相模湖公園に向け出発。九時三〇分、休憩場所より一キロ。約束の湖畔の駐車場に到着。「あれ、車がいない？」うろうろしている内にやっと二人が到着。「何しているの？」相模湖は神奈川県の北部相模川にあるダム湖である。オフシーズンのせいか、人は殆どいない。ここで昔、巨大箆鮒を見たことがある。近年は問題の魚「ブラックバス」釣りで賑わっているようだ。〈**晩春の湖の呑み込む愁ひかな**〉〈**春愁やスワンボートの客来ぬ日**〉〈**春陰の湖に竿振る男女かな**〉

相模湖で暫時休憩の後、午前九時三〇分、ＪＲ上野原駅に向かう。相模湖を見ながら登り下りを繰り返す。そろそろ脚が悲鳴を上げようとしている。あれから五年、トレーニングどころか、散歩もしていないのだ。〈**春日差すぱんぱんに張る大腿部**〉〈**花の果ひとりの旅はただ走る**〉上野原駅近くで悲惨な状態になる。まず、おばさんのママチャリに抜かれる。杖を突いたご老人に道を譲られる。最後は電動車椅子に乗られた方に「ご苦労さん」と励まされる。〈**花散るや坂に自**

転車あへがせる〉一度、自転車を降りてしまったら激痛で「足が曲がらない。座れない。歩けない」の酷いことになってしまった。その時、優しい女神が登場。「先生、大丈夫？」井上千代子さんである。暫く商店街のベンチで休憩。痛みが治まる。午前一一時二〇分、山形さんの待つ、上野原市役所の駐車場に着く。相模湖公園から一一キロ、休憩も入れて一時間五〇分掛かった。

　山形さんが市役所に来ていた地元の方に、旧甲州街道の様子を訊いてくれた。その方は私の自転車を見て「行けないことは無いけど、かなり大変よ」と言ったという。私「やっぱり……。愕然！」腹が減ったので一人、持参の葡萄パンを齧る。食欲はある。がんばれそう？

さぁ、いよいよ本日のメインイベントの始まりである。芭蕉の旅に近づくために、上野原から鳥沢の間は国道二〇号線（甲州街道）ではなく県道三〇号線（旧甲州街道）を選んだ。約二〇キロの山道である。走る前から結果が見える気がした。ここが地獄の一丁目なのか……？　ここから上野原↓鶴川↓野田尻↓犬目↓下鳥沢↓上鳥沢の旧宿場を通る。楽しみでもある。

甲斐は山国である。旅人にとって山をうねるように通る旧甲州街道はさぞ難路であったろう。私も小さな折畳式自転車で当時の旅人の疑似体験をしようとしている。交通の主力が中央自動車道、国道二〇号線（甲州街道）に移ったお蔭で、旧甲州街道にはなぜか懐かしさを感じる原風景がある。当時の宿場の名残を感じさせる物は多くはないが、時折、山肌に集落があったり、宿場跡を示す碑があったり、格子のある民家があったり、思わぬ所に一里塚が残っていたりする。

陽春の光の帯を蝶のぼる
目が合ふと雉子の隠るる荒畑
竹秋や旅は時折り独り言

散る花や恋塚と言ふ一里塚

弥生野を行くも吾が旅影を踏み

旧甲州街道は大きくアップダウンを繰り返す。私の足が既にＳＯＳを発信している。〈**太腿に激痛またも春暑し**〉もう駄目だ。暫く休む。そしてまた自転車に乗る。登り坂で足に激痛、少し休む。自転車を押して登り続ける。諦めなければいつか目的地に着くことが出来る。そういつも思っている。これも人生の一部である。この辺は残花がはらはらと散る素晴しい風情であるが……。それでも俳句を詠んでいた。私は俳人の鑑か！

花明り身の芯ほのと紅が差す

花時を少し過ぎたる甲斐路かな

散る花や歴史の奥に旧街道

現世の外に旧道散りゆく花

残花散る旅愁ふかむる山の里

下り坂で、自転車に乗ろうとしたら、痛くて足が曲がらない。座ることも出来ない。体を投げ出すようにしてやっとの思いで石に腰を掛けた。〈**坐すことも出来ぬ激痛春日の中**〉火野正平流に「人生上り坂、最低・最悪！」と何度、叫んだか。

向こうから見覚えのある車がやって来る。地獄で仏とは正にこの事である。山形さん、井上さんの顔が神様か仏様に見える。余り遅いので「様子を見に来た」と言う。私思わず「ありがとう」。山形さんが私に静かに悪魔のように囁く。「先生、私、口が堅いから、車に乗りませんか」。私、思わずぐらっと来るが、大きく首を振る。「オーノー」である。山形さんは神、仏の顔を借りた悪魔であったのだ。この先、二、三キロ先のゴルフ場のレストランを予約してくれたという。やはり二人は神様か仏様に違いない。ありがとう。

途中、赤、白、ピンクの花桃の花の盛りの集落があった。眼下に中央自動車道の談合坂ＳＡが見える。大野という集落らしい。まさに旧甲州街道の桃源郷である。近くにいたおばさんに「綺麗ですね」と言ったら「趣味でやっているの」と答えが返ってきた。「え！」この方が「花咲婆さん」であった。〈**山里に桃源郷あり桃の花**〉〈**仙郷に遊べ花桃あふれ咲く**〉〈**人知れぬ里の花桃咲き溢れ**〉

午後一時、上野原市役所から八キロ、一時間四〇分を掛け、やっとゴルフ場に到着。立派だ。私ではない、ゴルフ場がである。日曜休日でもないのに駐車場はほぼ満車状態である。日本が豊かで平和の証拠かもしれない。フロントの女性が私を見て「ジーパンが……」と言っている。気の毒そうに、もごもご言うのでよく聞き取れなかった。どうやらジーパンの入場不可らしい。私、気が弱いので諦めかけたら、山形さんが「駄目なの？」と言ったら「今度だけはいいです」という事になった。良かった！　という訳で三人揃って「五目餡掛け焼き蕎麦」を食べた。美味かった。さすが名門コースである。

お喋りと昼食に約四五分、午後一時四五分、ＪＲ鳥沢駅に向け出発。殆ど下りのはずである。楽ちんなのだ。しかし、下り坂はスピードが出過ぎる。ブレーキが熱で利かなくなる。登りは草臥れるが下りは死に直結する危険がある。「人生、下り坂は地獄」なのである。下り坂は楽で距離が稼げるが、何だかおかしい？中央自動車道の側道を上野原へ向かっているようだ。分岐点で間違えたらしい。そこまで自転車を車に積んで戻る。〈**春昼や道に迷ふも筋書きに**〉車はこういう時に便利だ。そこから鳥沢駅に向かい出発し直した。鳥沢駅まで一、二キロ手前で小休憩。快適すぎる下りなので足に問題はなかったが、ブレーキが熱を帯びたので冷ます必要もあった。伴走車とは鳥沢駅で落ち合うことを決め出発。問題なく鳥沢駅に到着。辺りをきょろきょろ見回すが車が見当たらない。二人がいないのだ。電話をする。千代子さん曰く「曲がる所を間違えて猿橋にいる」と言う。さらに「三キロだから走って来て」と言う。さっきまで私は歩行困難者だったのだ。冷酷無慈悲な言葉を浴びせられた。優しい女神が意地悪な鬼婆に変身したか？**〈花あらし女神も鬼も紙一重〉**納得。千代子さんには内緒。猿橋に向かう。

午後三時三〇分、猿橋に到着。ゴルフ場から一三キロ、休憩込みで一時間四五分。猿橋は定例の句会に通いなれた場所でもある。**〈花弁の頰に貼り付く旅愁かな〉〈水面に日本地図めく花の屑〉〈猿橋の花の散りゆく川面かな〉**猿橋で記念撮影後、俳句仲間の待つ、湯立人鉱泉に向かう。猿橋には芭蕉句碑**〈かれ枝に鴉とまりけり秋の暮〉〈うき我を淋しがらせよ閑古鳥〉**の二基がある。午後三時三五分、猿橋から約一キロ、五分で到着。親しい仲間に歓声と拍手の出迎えを受ける。柏餅、お煮染、筍などで歓待される。**〈甲斐は山春の匂ひに満たさるる〉**皆さんから次の一句をいただいた。

猿橋

旧道の花の盛りを走るころ　後藤はるよ

鶯や話の口火だれが切る　奥野泰子

筍の田舎料理で盛り上がる　西室勢津子

旅の師を迎ふる朝や雉子の声　西室允恵

夏近し師の肌くろく逞しく　清水征代

猿橋に芭蕉の句碑や初燕　井上千代子

甲州の色かまだ濃き紫木蓮　山形保紀

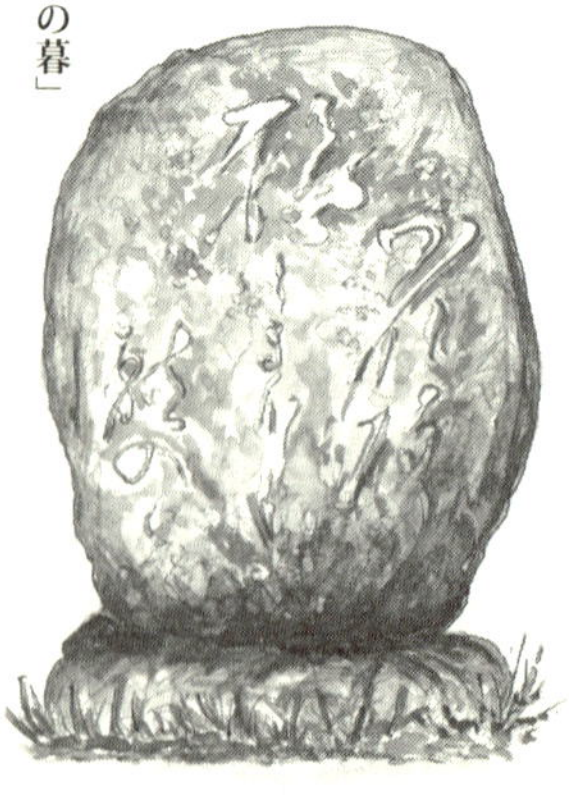

猿橋の芭蕉句碑
「かれ枝に鴉とまりけり秋の暮」

午後四時四五分、今回の旅をここまでとして、ＪＲ猿橋駅に向かう。〈**惜春の旅は無口に暮れてゆく**〉ＪＲ猿橋駅を午後五時一二分発。自宅に午後七時四〇分に無事帰着。走行距離四八キロ、行程〇泊一日。累計九八キロ、〇泊二日。次回はＪＲ猿橋駅から韮崎駅へ、鉄道営業距離六一キロをただ走り抜く独り旅の予定。

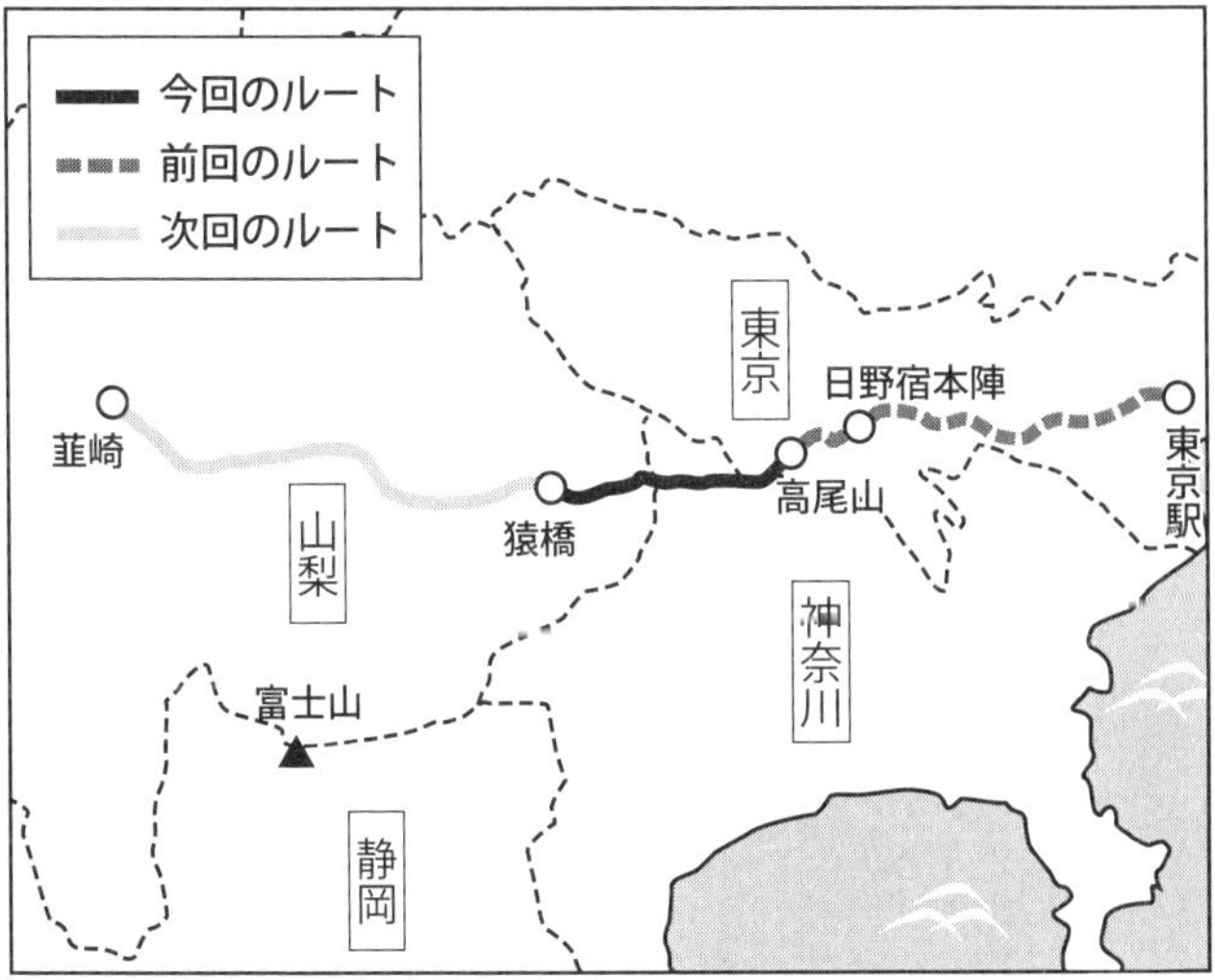

第3次　猿橋から韮崎へ

平成二四年五月三一日（木曜日）薄日。本日の予定は前回のＪＲ猿橋駅から甲州街道（国道二〇号線）を笹子駅まで自転車走行、笹子トンネルは「狭く長く交通量が多く危険」という地元の情報が俳誌「かびれ」の仲間からあり、甲斐大和駅までの六キロを輪行（サイクリングの途中、乗り物で移動）することとした。そこから韮崎駅までをひたすら走ることになる。本日の総行程約五〇キロはほぼ登り坂である。覚悟が必要だ。

朝五時二七分、都電荒川線荒川車庫前から始発電車に乗り込む。沿線の薔薇は見頃を過ぎている。〈**沿線の名残の薔薇を独り見る**〉〈**汗拭ふ都電の揺れに身を任す**〉

ＪＲ大塚駅、新宿駅、高尾駅を経由して八時八分に猿橋駅に到着。乗車時間二時間四一分、私の住んでいる荒川区とは周囲の緑の色が違う。〈**振り向くと大きな波となる青葉〉自転車を組み立て始める。いつものことである。ポケットに入れるつもりでベンチに二、三個の飴を置いた。それを見ていた妖しげな女、突然「その飴、くれんか」と言う。私、驚き、思わず「あんた、誰じゃ？」と言う。妖しげな女「駄目なの？」と言ってベンチに座りなおす。〈妖しげな女の視線青葉寒〉身の危険を感じた訳ではないが、飴を一つ口に入れ、そうそうに猿橋駅前を出発する。〈桑原と言うて立ち去る五月尽〉道は国道二〇号線、甲州街道である。道幅はさして広くない。中央道が見え隠れしている。長距離の車両はそちらを走る。いわばこの甲州街道は地元の車両の道である。前に一度、吟行に来たことのある「岩殿山」が見える。その名の通りごつい岩山である。かつて武田氏や武田二十四将の一人、小山田氏が国境防備の拠点とした岩殿城跡である。堅固な要塞として知られ、山頂からの眺めは雄大で素晴らしく「秀麗富嶽十二景」に選ばれているそうだ。〈傾れくる岩殿山の青葉かな〉上り下りを繰り返しながら徐々に確実にじわじわと高度を上げ登って行く。「前方に第一村人、発見！」どこかで聞いたような台詞だ。そうか、所ジョージの「ダーツの旅」だ。前方を歩いていた二人のおばさんに私「初雁宿はまだですか」。おばさん、こちらを向いて「だいぶ、あるの――」私の自転車を見て「これで行くんか――」。私、頷く。おばさん二人「どうだの、こうだの……」よく判らなかった。

再び自転車を漕ぐ。大きな古い由緒ありげな建物が見えた。国指定重要文化財、下花咲宿本陣跡「星野家住宅」である。写真を撮る。切妻造りで嘉永五年頃の建築という。代々名主を務めた家だそうだ。**〈沈黙の屋敷ありけり夏の蝶〉**

道標発見。「東京から一〇〇キロ・勝沼まで二一キロ」とある。時間、八時五〇分。JR猿橋駅から五〇分、九キロである。全行程一二〇〇キロのうちの一〇〇キロである。「もう」と言いたいが「やっと」と言うのが素直な思いである。すぐ傍の小さな畑でおじさんが畑仕事をしている。トラックが走り去って行く。そう、何でもない普通の時間の普通の場所なのである。**〈雲がまた流れて行くや蟻の列〉**

今回の行程の中で芭蕉に関係のあるものといえば、初狩小学校の前にある芭蕉の句碑**〈山賤の頤とづる葎哉〉**くらいである。やっと私はその前にいる。午前九時、猿橋駅から一時間、一〇キロ地点である。「やっと、着いた！」**〈薫風や翁も見たる山に佇つ〉**深く数回息を吸った。パンフレットに芭蕉句碑について「天和二年（一六八二年）、大火に焼け出された芭蕉は初狩宿の姉の嫁ぎ先を頼り、しば

国指定重要文化財　下花咲宿本陣跡「星野家住宅」

らく滞在しました。その際に詠んだ『**山賤の頤とづる葎《むぐら》哉**』の句碑が初狩小学校の前にあります」とあった。知らなかった。芭蕉は大火の時、甲州谷村、現在の都留市に一時移り住んだとばかり思っていた。

再び自転車を漕ぐ。先ほど見た下花咲宿本陣跡「星野家住宅」と同じような建物があった。初雁の本陣跡である。ここも立派だ。こういう歴史のある建物は大事だ。〈**甲州の本陣跡や夏つばめ**〉漕ぐ度に甲州街道は山が深く幽くなって行く。

芭蕉句碑
「山賤の頤とづる葎哉」

道は笹子川に沿っている。大きな川ではないが、水音の気持ち良い綺麗な川だ。岩魚、山女魚でもいそうな川である。看板があった。「魚、釣るな」である。釣り好きな私、がっかりである。別に、ここまで釣りに来る気はなかったが……。**〈渓流に息を潜むる山女魚かな〉**道はさらに登って行く。この辺は針槐（ニセアカシア）の花盛りである。時々、桐の花も見える。**〈山里や風を濁らす針槐〉〈桐咲くや風ばかり吹く山を見る〉**自然に触れると、このような写生句ばかりが次から次へと口に出る。それ以上の俳句はおいそれとは出来ない。これも私の現在の「俳句力」の限界なのである。しかし、諦めはしない。百句に一句でも心に響く俳句が詠めれば、めっけ物と思っている。「多読・多作・多捨」これは吾が作句信条である。そして俳句は創るよりも自選の難しさをつくづくと感じている昨今である。**〈くちびるの渇きを噛むや時鳥〉**

再び自転車を漕ぐ。左手に大きな建物が見える。山梨県の銘酒「笹一」の笹一酒造である。隣接して酒遊館がある。ここには日本酒、ワイン、焼酎等が並び、蔵元見学、試飲も出来る。ギネスブック認定の世界一大きな「世界平和太鼓」もあった。世界一の太鼓の音とはどんな音だろうか。興味をひかれるところである。

〈初夏の平和を祈る太鼓かな〉

再び自転車を漕ぐ。森林の中をじりじりと登り坂が続く。ＪＲ猿橋駅から一時間四五分、九時四五分、走行距離一五キロ。やっと笹子駅に着いた。〈万緑や吾が目を嗤ふ鴉群れ〉笹子駅は無人駅である。誰もいない。〈緑蔭や息ふかく吸ふ山の駅〉笹子トンネルを抜ければ甲斐大和駅であるが、前述のように笹子トンネルは「危険がいっぱい」なので輪行することとした。下り電車は一〇時一二五分、

世界平和太鼓

四〇分の待ち合せである。いささかの休戦時間である。〈**旅ひとり薄暑の駅舎がらんどう**〉

芭蕉の『野ざらし紀行』は紀行の名はあるものの、『おくのほそ道』のように旅の様子の詳細な記述はない。俳句の捕足に紀行の文章が添えてあるような形態を取っている。甲州を通ったとされているが、その記述は次の通り簡単なものである。

甲斐の山中に立よりて

行駒の麦に慰むやどり哉

句意は「旅の助けをしてくれる馬が麦の穂をいただいて寛ぐ様子を見ていると自分の疲れた身までが癒されるようだ」となろう。

『野ざらし紀行』をなぞる旅をしている私としては、手掛りの少ない今回の芭蕉の旅は難敵である。途中、初狩に芭蕉の句碑が一基あっただけで『野ざらし紀行』に関係するものはなかった。書く材料が少ないのだ。そうだ、芭蕉には馬の句が他にもあった。

馬ぼくぼく我を絵に見る夏野哉

甲斐の郡内といふ処に到る途中の苦吟

夏馬ぼくぼく我を絵に見る心かな

芭蕉は天和二年一二月に芭蕉庵を焼失し、一時、甲州谷村、現在の都留市に五カ月ほど移り住んだことがある。

私は平成二二年五月一日に、山梨かびれ会の俳句仲間と都留市で吟行を楽しんだことがあった。都留市は江戸時代の甲州郡内谷村藩五万石の城下町である。現在、人口五万人程の山梨県東部の地方都市である。芭蕉の晩年は、『野ざらし紀行』『おくのほそ道』等の旅から旅の連続と思われるが、天和三年に五カ月ほど、甲州谷村に逗留している。いきさつは、天和二年歳晩の「八百屋お七」の噺で有名な江戸大火で深川芭蕉庵が焼失。谷村藩の国家老、高山繁文（俳号麋塒）の誘いにより谷村に逗留した。都留市はこれを縁に「俳句町興し」として市内に一〇基の句碑を建立、著名俳人を選者に「ふれあい俳句大会」を開催している。芭蕉の一〇基の句碑は次の通りである。「山賤」の句は二基ある。

行く駒の麦に慰むやどりかな
山賤のおとがひ閉づるむぐらかな
夏馬の遅行我を絵に看る心哉
馬ぼくぼく吾を繪に見る夏野かな
勢いあり氷り消えては瀧津魚
目にかかる時やことさら五月富士
旅人と我が名よばれんはつ時雨
松風の落ち葉か水の音涼し
名月の夜やさぞかしの宝池山

私の都留市吟行の句は俳誌「かびれ」（平成二二年八月号）に、「芭蕉逗留の地『谷村町』」一二句として掲載されている。あの時、私は芭蕉をどのように感じたのかを思い出そうとしている。

芭蕉逗留の地　「谷村町」

うぐひすの近づく声や城の跡
つばめ飛ぶ富士真向ひに座りけり
桜蘂降るや城址に碑が一つ
百千鳥桃林軒を訪ねけり
芭蕉句碑肩にひとひら残花散る
山吹の眩しき町の川ひびく
蹲踞に洗ふ指さき五月くる
新緑の匂ひに酔へり滝飛沫
花は葉に摩滅はげしき芭蕉句碑
富士が目に迫つて来るや若葉風
山が山押して雪解の富士が反る
甲斐ケ嶺や筆竜胆の楚々と咲く

当日、吟行に参加した俳句仲間の句を一句ずつ挙げてみる。

蕉翁の句碑を訪ひたり五月晴　志村桑石

楓若葉芭蕉寓居を訪ひにけり　中込ことえ

若葉風旅の仕度の芭蕉像　後藤はるよ

流寓の翁偲べり落椿　天野悠水

風の音水の音にも春惜しむ　秋山多美子

新緑の中来て富士の前に佇つ　古澤とき子

亀鳴くや風化の著き芭蕉句碑　西室允恵

花韮と友に教はる城下町　西室勢津子

滝音や頬ふくよかな芭蕉像　畠山啓子

新緑や芭蕉ゆかりの地に集ふ　佐々木千枝子

春愁やいとも小さき芭蕉句碑　星　美和子

句碑を見に上り行く径春竜胆　清水征代

桜蕊踏みて句碑の辺メモを取る　斧田登美子

芭蕉像囲み五月の笑顔かな　横田百合子

二年という歳月がまるで永遠の時間に思える。そこには無常という計り知れないものの存在がある。そうこうするうちに、下り列車の出発時間、一〇時二五分になる。ホームに上り列車が入って来る。「松本」行きである。私、慌てる。乗客のおばさんに大きな声で訊く。「この列車、どこ行きですか」おばさん「高尾です」私、一瞬、訳も分からず啞然？　列車の行先表示を見直す。「松本」行きである。結局、その列車を見送る。「なぜ、上り列車が松本行きなのか」。私の目の前の車両以外は全て「高尾」表示であった。「JRさん、いい加減にして？」一両だけ行先表示が故障していたのだ。私の乗るべき下り列車は無事出発。笹子トンネルの五分間の闇に吸い込まれて入った。**〈トンネルの闇を抜ければ若葉光〉**

JR甲斐大和駅で自転車を組み立てる。駅員が「ここからは今までと違うよ」と言う。私、よく分からないまま出発する。道は広い、新しい、下り坂である。明るく広々とした甲府盆地東端の勝沼である。今までの甲州街道とはまるで違う。速度は三〇キロを軽く突破している。笹子までの「人生登り坂、最悪！」から「人生下り坂、最高！」に変わっている。短時間でぐんぐん距離を伸ばすことが出来た。この辺はフルーツ街道と言うらしい。果物の直売所が幾つも見える。葡萄、桃、チェリーの産地であるが、まだ店は閉まったままである。**〈五月晴甲府盆地のひろびろと〉**道が良ければ、車は飛ばす。道の合流部で車と車の間に挟まれる。**〈夏日差すいつも恐怖の合流部〉**「おー、コワーい」。上り下りを繰り返しながら、午後一時四五分、韮崎駅に到着。駅前で荷物の整理をしていたら**〈へろへろとへたり込みたる薄暑かな〉**となった。二時五分発の列車に乗る。五時四〇分に無事、自宅に到着。「良かった！」

走行距離五一キロ、行程〇泊一日。累計一四九キロ、〇泊三日。次回はＪＲ韮崎駅から塩尻駅経由で松本駅へ鉄道営業距離八八キロを上諏訪に一泊して走り抜く予定。

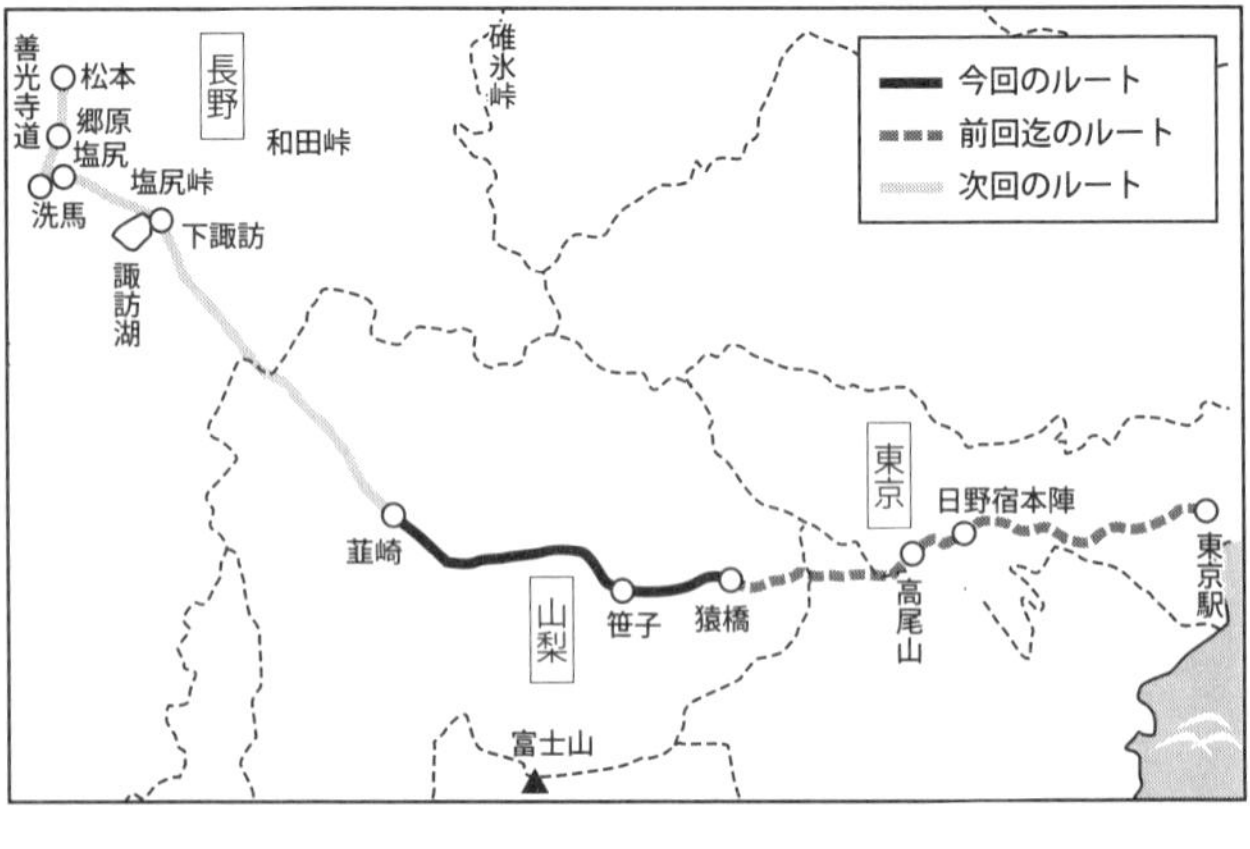
善光寺道
松本
郷原
塩尻
洗馬
塩尻峠
長野
和田峠
碓氷峠
下諏訪
諏訪湖
今回のルート
前回迄のルート
次回のルート
東京
日野宿本陣
東京駅
韮崎
山梨
笹子
猿橋
高尾山
富士山

第４次　韮崎から塩尻へ

　平成二四年六月二九日（金曜日）晴。本日の予定は前回のＪＲ韮崎駅から甲州街道（国道二〇号線）を上諏訪駅まで走り、諏訪湖湖畔に宿泊する。翌三〇日は諏訪湖を出発して松本に向かう。いよいよ山梨県から長野県に入る。私を待ち構えているのが、山梨の富士見峠、長野の塩尻峠である。「どうなることやら？」である。「無理と分かっていても、人生、やらなければならない時もあるのだ」。しかし、あとでだいぶ痛い目に遭ってしまった。無理は禁物である。〈**蛍まだ生まれる前の水中花**〉訳の分からぬ句？が口に出る。さぁ、今回もがんばらねば。

　都電荒川車庫前午前五時二七分の始発に乗り、ＪＲ大塚駅、新宿駅、立川駅、甲府駅と普通電車を乗り継ぎ、九時六分に韮崎駅に到着予定であったが、大塚駅で予定の電車に間に合わず、韮崎駅到着が予定の四〇分後の九時四六分となった。目の前で電車のドアが閉まってしまった。「悔しい。悔しい」なぜそんなに悔しいのか分からないが悔しい。昔から予定通り進まないと苛立つ性格は六四歳になっても直らないようだ。

本日は天気予報通り朝より晴れである。天気予報は当初曇り、「まぁいいか」と思う。諏訪湖の宿泊を予約してテレビを見たら、予報は雨。「やはり俺は雨男か」と諦めたら出発の前日、突然、予報は完全に晴れに変わる。「やはり私は晴れ男なのだ」。気象予報士が言い訳めいたことを言っていたが、そんなことはどうでも良い。なにせ雨が降っていない。それが正解なのだ。文句はない。これが反対なら怒り出している。人間なんて多かれ少なかれ「自己中」の病因を内在している。

午前一〇時一〇分、例により持参の葡萄パンを齧り、軽く屈伸運動をして韮崎駅を出発する。かなり暑い。熱中症が心配だ。甲州街道をひたすら走る。自転車を漕ぐ、漕ぐ、漕ぐ。だいぶ暑い。道は釜無川に沿う登り坂である。行々子、夏鶯、夏の虫、蟬が鳴いている。かわいそうに歩道に燕の子が落ちていた。死んだばかりのようだった。命なんて儚いものだ。蛙も干乾びていた。〈**蒲そよぐ命と言ふを見詰めけり**〉

甲斐駒ケ岳

途中、甲斐駒ケ岳（二九六七メートル）、鳳凰三山（二八四〇メートル）が見えた。これらの山は私の青春の記念碑のようなものだ。先師、小松崎爽青の影響で一時「山いのち」の頃があった。もう四〇年も前の話だ。そのころはみんな若かった。〈**夏薊わが青春の杳かなり**〉新府城跡を通る。ここは武田勝頼が織田・徳川軍の侵攻に備え築城した城であったが完成をみていない。道は富士見峠に向け登って行く。長いだらだら坂である。韮崎駅から二六キロ、午後一時ごろ、ついに両足の大腿部内側の筋肉が硬直。足、曲がらない。座れない。無論、歩けないの酷い状態になってしまった。ひどく「痛い！」のだ。「痛い！」幸いというか、そばに道路の草刈りをする数人の作業員がいた。私の異変に気が付いた若い作業員が私に声を掛けてくれた。作業員「大丈夫ですか？」私「駄目です」。若い作業員が私の自転車をガードレールに凭せ掛けてくれた。私「アリガトウ」若い作業員、無言でにっこり。私「アリガタカッタ！」なぜか言葉が片仮名になっていた。約一〇分休憩。屈伸運動で痛みが和らいだ。出発。〈**竹煮草見知らぬ人の情に触れ**〉

自転車を押す。また押す。道の駅「白州」に到着。何が面白いのか、賑やかな一団がいる。人数、約三〇人。年齢、高齢。雰囲気、甲州街道を歩く会。状況、産直の野菜を買いたい模様。私、自販機でお茶を買う。そしてトイレ。少し気分が落着く。どうしようか？ ここには日帰り温泉がある。風呂でも入るか。暫時休憩後出発。道の反対側で先ほどの人たちが草刈りをしている。リーダーらしき人が私を見ている。私、頭を下げる。リーダー、ニコッとする。それだけのことだが、ありがとう。**〈草いきれ山ぼうぼうと果ても無し〉**

道は上り下りを繰り返しながら標高を上げて行く。私はその度に自転車を押したり乗ったりする。**〈夏の萩つひに疲れてしまひけり〉**疲れた。自転車を夢中で漕ぐうちに信濃境を越えていた。道は山梨県から長野県に入ったようだ。**〈蔦茂る昨日も今日も明日もある〉**これは俳句に非ず呟き。途中どの当たりだったかウィスキーの樽のモニュメントがあった。某ウィスキーの工場であることが分かった。この調子で今日の宿泊場所、諏訪湖へ着けるだろうか。少し焦る。もう三時はとっくに過ぎている。**〈山葎人の意志など一呑みに〉**俳句は頭で考えて作るものではない。勝手に一七音が口から出る。私もここまで来たか？ コンビニで二リットルのお茶を買う。五〇〇ミリリットルのお茶二本とスポーツ飲料一本は既に飲み干していた。二リットルのお茶の三分の一があっという間に砂漠状態の私の体に染み込んでいった。坂の上部が見えてきた。午後三時四五分、九五二メートルの富士見峠を越える。韮崎駅から三四キロだらだらの登り坂はきつかった。峠という文字は山の上下と書く。上まで行ったので今度は下を目指す。人生、下り坂は最高！　だが、地獄が大きな口を開けて待っている。スピードがどんどん上がる。景色がどんどん後へ遠ざかって行く。ちらとスピードメーターを見たら四〇キロを超えている。ヤバイ！　ヤバイ！　危なかった。この自転車のブレーキは曖昧である。ずぅずぅと滑ってゆく。止まり切らないのだ。今度は登り坂である。懸命にペダルを踏む。大腿部の筋肉がおかしい。悲鳴を上げている。自転車を降りる。途端に来た。強烈に痛い。これまでの私の六四年の人生の中で経験したことのない痛みである。両足の大腿部内側の筋肉が硬直。足、曲がらない。座れない。無論、歩けない。さっきよりだいぶ酷い。痛みに耐えること、約一〇分。痛みが和らぐ。再び自転車を漕ぐ。国道二〇号線は茅野市に入っている。バイパスのトンネルが見える。道はぴかぴかの新品だ。自転車専用ではないが幅二メートルぐらいの歩道がある。これなら安心して自転車で走れる。良かった！　しかも下り勾配である。ラッキー。道はスコブル良い。茅野市街を走り抜け、諏訪市に入る。〈**夏草や弱者と言へる影を曳く**〉ここへ来たら道は古く狭い。同じ国道なのになぜこんなにも違うのか。地方の政治力の違いか？〈**草茂る人の思ひのくひ違ふ**〉諏訪市の入口の道標に標高六七六メートルとあった。私の故郷の茨城県日立市で一番高い山、高鈴山が六二三メートルである。それより約五〇メートルも高い。そこに街があり、諏訪湖があるのだ。凄い。思わず感動。〈**日草ふるさとのこととまた思ふ**〉上諏訪の街に入る。ここは何度か来たことがある。諏訪湖が見える。午後四時四五分、今日宿泊するＮＴＴ健康保険組合保養所「鷺湖荘」にやっと着く。私は元ＮＴＴ社員である。諏訪湖周辺のホテルに比べれば安く泊まれる。本日は韮崎駅を出て諏訪湖まで六時間三五分、五四キロを走った。あれから五年はきつかった！〈**たらたらと汗噴く顔の老いたるか**〉

ここは温泉である。諏訪湖の夜景を見ながら温泉に入る。「気持ちいい！」食事も今日はコンビニ弁当ではない。それなりに美味かった。隣の席の静岡から来た老夫婦と話をする。ご夫婦で写真が趣味という。奥さん「私のカメラは主人のお古なの」。ご主人「昨日は飲みすぎた」。私「自転車で旅しています」。ちぐはぐで取り留めの無い会話は楽しい。最後にご夫婦「塩尻峠はきついよ」。私、急にビールの酔いが醒め現実に引き戻される。足が痛くなった。「皆さんおやすみ」就寝。〈**ビール飲む二度と会えない人と飲む**〉しんみり。

六月三〇日（土曜日）晴。朝五時に起床。諏訪湖を散歩する。観光客、地元の人が散歩、ジョギングなどをそれぞれに楽しんでいる。良い光景である。謂れは分からないが湖畔には十数匹の羊と笛を吹く羊飼いの石像がある。また兜を持った八重垣姫の大きな像が湖の中に立っている。説明版に「本朝廿四考狐火の段諏訪法性の兜」(昭和五三年五月)とあった。今日も暑くなりそうだ。朝風呂に入る。〈**朝風呂のまこと幸せ夏日差す**〉

今日の予定は諏訪湖湖畔を走り、塩尻峠を登る。当初、松本に出るつもりだったが、考えてみるとそれでは「自転車で行く『更科紀行』逆まわり」にならないので、塩尻駅を目指すことにした。問題は「塩尻峠が登りきれるかどうか」である。昨日の富士見峠は約九五〇メートル、塩尻峠は一〇〇〇メートルを超える。私の故郷の茨城県の「西の富士、東の筑波」と言われる関東の名山「筑波山」が八七七メートルである。それを超えている。〈**六月尽男の旅のケセラセラ**〉昨夜の老夫婦の「がんばって、気を付けて」の声を背中に聞いて、午前九時、宿泊し

諏訪湖　羊飼いの像

諏訪湖　八重垣姫の像

た「鷲湖荘」を出発する。〈**夏木立わが旅いつも一人ぼっち**〉「男は淋しいものなのだ」と自分に言い聞かせる。フーテンの寅さんである。定年後の気楽も辛いものなのだ。〈**人目にはのんびり見ゆる夏の鴨**〉ペダルを踏む。一歩踏み出す。もう戻れない。〈**決断のつかぬ一歩や夏の朝**〉諏訪湖に沿って暫く走る。右手に真っ直ぐな参道の奥に「諏訪大社下社秋宮」が見える。そっと旅の無事を祈る。〈**薫風や片手で旅の無事祈る**〉両手で祈ったら自転車が倒れてしまう。神様、ごめんなさい。ペダルを踏む度に標高がどんどん上がり苦しくなってくる。時折、諏訪湖が見えるが景色を楽しむ余裕などない。汗が噴出してくる。道路の温度計は既に二五度を超えている。暑い。汗がヘルメットから滴り落ちる。〈**ペダル踏む汗が滝なすヘルメット**〉あぁ、しんど！　何でこんな馬鹿げたことをしているのか、時々、不思議になる。〈**人生の不思議を思ふ合歓の花**〉あぁ、しんど！　またペダルを踏む。先の見えない登り坂である。〈**登攀の意志の砕くる炎天下**〉昨日、二度も足が攣っている。無理は出来ない。自転車を押す。また押す。自転車を押すというより、押し上げるというべきか。〈**自転車も荷物の一つ汗の玉**〉こんな俳句といえるかどうか分からぬ句がほいほいと口に出る。これも実感に違いはないが……詩に昇華し切れない。ようは未熟者なのだ。〈**わが未熟さらす夏天の旅つづく**〉鹿に注意の標識があった。〈**梅雨晴や鹿に注意の標識も**〉実感は大切だが常識を超えたところに季感詩俳句があると思っている。こんなものではないのだ。極限に身を置くとき人間は自分を飾る余裕などなくなる。その時の精神状態を日常でも持ち続けたいと思っている。今回の旅はまさにその極限状態なのだ。〈**わが道の杳かを思ふ青霞**〉さらに登り坂がつづく。いい加減、嫌になりかけたころ、道が緩やかになってきた。塩尻峠の山頂部にやっと出たのだ。一〇一二メートルである。自転車も足も毀れなかった。良かった！〈**峠越え爽快という汗拭ふ**〉やっとだった。暫時休憩。一〇時三五分、諏訪湖の鷺湖荘を出て一二キロ、一時間三五分の馬鹿げた炎天下の孤軍奮闘であった。〈**炎天下孤軍奮闘愚かしく**〉あぁ、しんど！

塩尻峠から塩尻市街に向け九十九折の下り坂である。景色などは見ている余裕はない。スピードメーターが二〇キロ、三〇キロ、四〇キロとどんどん上がる。二五キロ以下で走らないと危ない。思い切りブレーキを握るが思うようにスピードが落ちない。カーブが曲がり切れない。危ない！　やっと曲がれた。良かった。

遊んでいる場合ではないのだ。私とは反対に坂を登って来るサイクリストがいる。屈強そうな若者である。ペダルを踏み続けている。さすがたいしたものだ。だが、顔は歪んでいる。私は「おおい、がんばれよ」と声を掛けた。サイクリストは右手を小さくあげた。〈**振り向かぬ男の日焼け美しく**〉一瞬の出会いと別れである。人生なんてそんなものかもしれない。「一期一会」を大切に生きねばと昨年の三月一一日以降、思うようになった。〈**夏うぐひす出会ひと別れ大切に**〉スピードメーターから数秒、目を離しているうちに、メーター表示が時速四五キロを超えている。ブレーキを強く握る。一瞬、自転車が前のめりになるのを感じた。〈**真夏日の真昼の闇を落ちて行く**〉俳句を詠んでいる場合ではないのだ。下り坂は地獄の一本道になりかねないのだ。〈**ほととぎす地獄の釜の蓋が開く**〉目前の実景を連想できない一句かも知れない。一瞬「鳴いて血を吐くほととぎす」という言葉が頭をよぎった。その時の句だ。道がだんだん緩やかになってきた。塩尻市高出交差点に国道二〇号線（甲州街道）終点の標識があった。東京都中央区日本橋を起点とする、二二五キロの甲州街道の終点である。思えば遠くへ来たものだ。〈**はるばると炎暑のロード走り来る**〉記念に終点の標識の写真を撮る。標識に一九号線木曽とあった。次はこの標識に従い走るのだ。一路、塩尻駅に向かう。午前一一時二五分到着。本日の走行距離、二四キロ、二時間二五分。「逆まわりの旅」には珍しく一二時八分のあずさ一八号の「指定席」を取った。それだけ疲れて「気分も萎えていた」ということだ。電車の中で「爆睡」。午後三時三〇分、無事帰宅。私「ただいま」。妻「あら、早かったのね？」終り。〈**日常に戻る夕暮れ心太**〉

　走行距離七八キロ、行程一泊二日。累計二二七キロ、一泊五日。次回は『更科紀行』の長野→姥捨→松本（泊）→塩尻→木曽谷（どこまで行けるか？）を目指す。長野から塩尻までの鉄道営業距離七六キロを松本に一泊して走り抜く予定。応援よろしく。

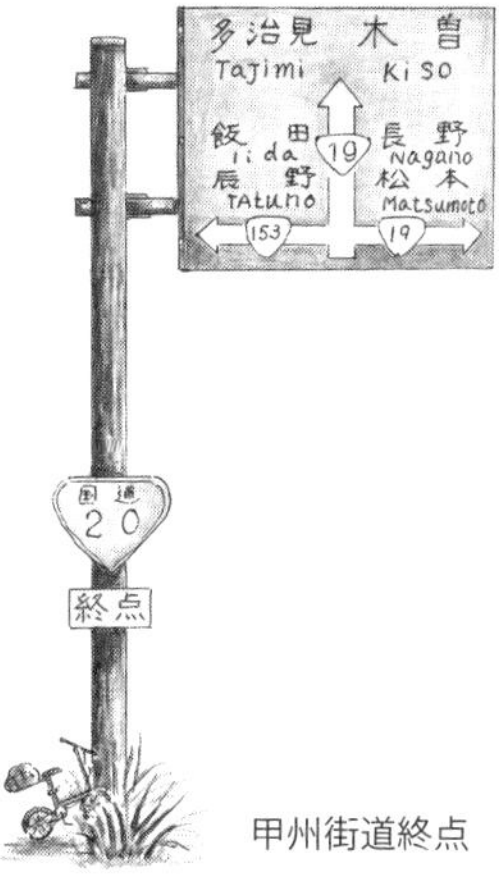

甲州街道終点

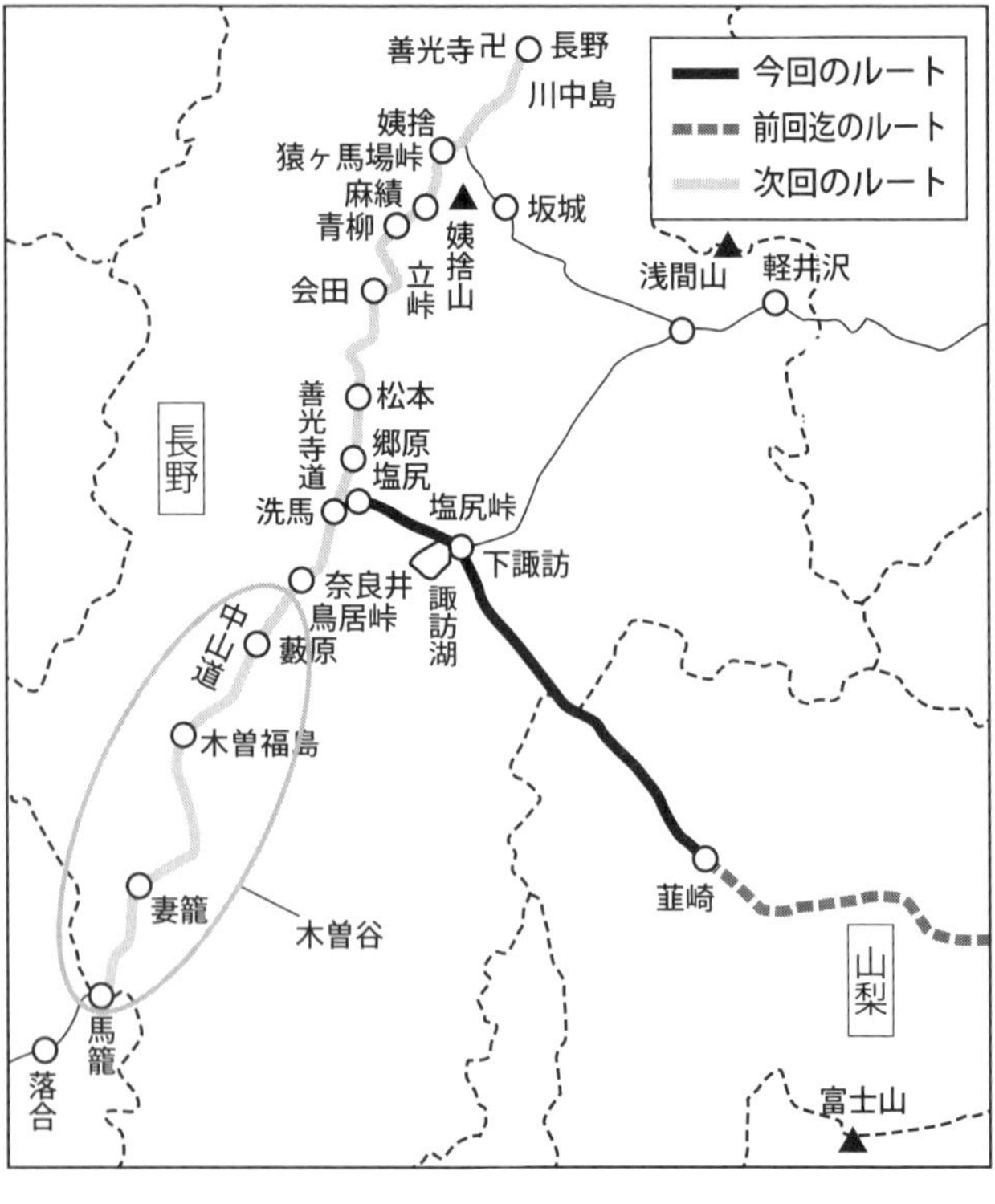

今回のルート
前回迄のルート
次回のルート
善光寺卍
長野
川中島
姨捨
猿ヶ馬場峠
麻績
青柳
坂城
姨捨山
立峠
会田
浅間山
軽井沢
長野
善光寺道
松本
郷原
塩尻
洗馬
塩尻峠
下諏訪
奈良井
鳥居峠
諏訪湖
中山道
藪原
木曽福島
妻籠
木曽谷
韮崎
馬籠
落合
山梨
富士山

第5次　長野から奈良井宿へ

平成二四年七月三一日（火曜日）晴。本日の予定は分かり易く言えば、ＪＲ長野駅から姨捨駅、長楽寺、聖高原を越え松本駅に出る。そして松本市内のビジネスホテルに宿泊。翌日は松本から塩尻を経由して木曽谷を行ける所まで行く。大雑把でいい加減な計画である。そう、緻密に計画を立ててもどうせその通りにはいかないのだ。『天才バカボン』の「これでいいのだ」。赤塚不二夫の漫画の世界みたいなことを、私はしているのだ。**〈曖昧な世の隅に住み合歓の花〉〈踏みもせず拾ひもせずに落し文〉**

これまでと同じように、都電荒川車庫前始発五時二七分に乗り、ＪＲ大塚駅を経由して六時過ぎ、新宿駅に出る。新宿高速バスターミナルで予約した長野駅への乗車券（六時五〇分発）を受け取る。まだまだ出発までには時間がありすぎ

る。早朝というのにかなりの人がバス待ちをしている。東京という所は本当に凄い！　不思議な街である。〈**かなぶんの腹見せて死ぬ椅子の上**〉〈**副都心そろそろ蟻が寄って来る**〉バス代は片道四〇〇〇円（所要時間約三時間四〇分）、新幹線なら東京駅から七四六〇円（所要時間約一時間四〇分）。「あなたなら、どうする？」年金生活者の私にとって時間はいくらでもあるので、即バスを選んだ。元、高給ではない、低給サラリーマンである私はお金持ちではないのだ。家内曰く「惨め」。娘曰く「可哀そう」。息子曰く「勝手にすれば」。〈**蟻は否自由気儘に退職後**〉（季感？）今回の旅でバスの移動は初めてである。そうこうするうち、定刻にバスは出発する。定員三〇人ぐらいのバスに一〇人ぐらい乗っている。座席は二列で二人掛けと一人掛けに分かれている。不思議なことに一人掛けのシートには誰も座っていないのだ。バスターミナルで貰った時刻表に次の記載があった。「新登場！　＋一〇〇〇円でワンランクアップの旅を！　プライムシングル・独立列・幅広シートゆったり・カーテン付きのプライベート空間でゆっくりおくつろぎくださいい【専用サービス】カーテン・電源コンセント・ブランケット・可動式専用枕・テーブル」とあった。バス会社の宣伝をしてしまった。私は前回の「自転車で行く『奥の細道』逆まわり」の旅で、高速夜行バスの常連となってしまったが、こんな高級なバスに遭遇したことはなかった。素晴しい！　しかし、誰も座っていない。これも、また素晴しい！　バスの利用者は低料金が魅力で乗っているのだ。〈**冷房の効いて来るころ眠くなる**〉高速道路に入ると、バスはどんどん距離を稼いで行く。浅間山、信州の山々を車窓から楽しむ。芭蕉の句に〈**吹とばす石はあさまの野分かな**〉がある。私は〈**雲を目で追うて浅間の晩夏かな**〉と詠う。「信州は良いの！」うとうとしていたら、定刻の一〇時三〇分、長野駅前に到着する。トランクから自転車・リュックを出す。背中を太陽に襲われた。もの凄く暑い。予報は三五度を超えていた。直射日光と道路の照り返しで、四〇度を超えていそうだ。とにかく暑いのだ！〈**もくもくと歩く信濃の猛暑かな**〉

昨年（平成二三年）、長野駅に二度来ている。六月に俳誌「かびれ」の俳句仲間との北信濃吟行、八月に黒部アルペンルートの夫婦の旅の帰りである。当初、長野駅から自転車走行で姨捨駅の長楽寺を経て松本駅へ向かおうとした。鉄道営業距離で約六三キロある。長野駅の到着時間（一〇時三〇分）を考えると、日暮れの午後六時までに到着するのは、どう頑張っても無理である。途中、難攻不落の聖高原（約一〇〇〇メートル）を越えなければならない。どう考えても無理である。長野駅から姨捨駅まで輪行することにした。篠ノ井線で約二三キロである。次の電車は一一時二三分発である。約一時間の待合せである。東京では考えられない。昨年、二度来ているので、どこへ行けばいちばん涼しいか分かっている。至極当然なことだが、それは待合室である。土産物屋、ロッカー、立食い蕎麦屋がある。綺麗な木の椅子がある。さすが長野県、森林資源が豊かなのだ。しばらく人間ウォッチングをする。これは意外と面白い。まずATMに冷房が入っていないと、担当者を探し、冷房を入れさせる外国人旅行者。蕎麦屋の券売機前で考え込む人。出来た蕎麦を椅子の上に置いてどこかへ行く人。私の座った目の前が蕎麦屋だった。貼紙が目に付いた。「美味しい茹で立て信州蕎麦を食べていただくために茹で時間が掛かります　店主」。なるほどと私。蕎麦屋の店員、茹でてあった蕎麦をやおら、スーパーのレジ袋に入れ、冷蔵庫に仕舞ってしまった。私「何じゃ、こりゃ」。店員「この暑さ、腐ったら、どうするの？」と言うかも知れない。人の言い分は都合で変わるのである。私、思わず笑う。人間ウォッチングを終了。長野駅から姨捨駅まで四〇〇円の乗車券を買う。芭蕉に善光寺を詠った〈**月影や四門四宗も只一ツ**〉がある。私は苦し紛れに〈**夏雲や訪はず仕舞ひの善光寺**〉と詠う。「あぁ、苦し！」車窓から晩夏の長野の田園風景を楽しむ。約三〇分後の一一時五一分、姨捨駅に着く。駅構内に入ったと思ったら、電車がまた走り出した。「スイッチバックだ」と乗客が言っている。珍しい。〈**木造の姨捨駅の蟬時雨**〉

ホームに降りる。意外にも十数人の旅行者がホームから景色を見ている。ここからの眺望は日本三大車窓の一つだそうだ。棚田を見ているのだ。遠くに千曲川も見える。ただ今の時期、稲の背丈が伸び棚田を区切る畦が見えずただの斜面の青田である。棚田が綺麗に見えるのは植田の頃が良いと思う。〈**白日の月影ゆがむ晩夏かな**〉姨捨は「田毎の月」で有名な場所である。蕪村の句に〈**帰る雁田ごとの月の曇る夜に**〉がある。

待合室で旅のご婦人が「姨捨伝説」の話をしている。ご婦人「私の息子は良い子だから関係ないわ」と言う。私「それが一番、危ない」と、余計なことを言ってしまった。ご婦人「そんな事ないわ」。私「貯金通帳と実印は最後まで渡さないように」とまた言って、ご婦人に睨まれた。私「ごめんなさい」。〈**伝説の昔を**

思ふ青田風〉
　姨捨駅前で自転車を組み立て、写真を撮り、パンを齧って、一二時三〇分、長楽寺へ向けてペダルを踏む。約五〇〇メートルの下り坂である。〈**草いきれ吾が行く先の茫々と**〉
　一二時四〇分、放光院長楽寺に着く。ここは昨年、伊那谷の俳句仲間と吟行をしている。芭蕉が姨捨の月を見たくて、美濃の国から六二里（約二四三キロ）を四泊五日、一日約六〇キロもの強行軍を押して来た憧れの場所である。ここには藤原定家、紀貫之、西行などの五〇以上の句碑歌碑がある。私の目当ては高さ二メートルの〈**俤や姥ひとりなく月の友**〉の芭蕉面影塚である。背後には、捨てられた老婆が悲しみのあまり石になったと言われる高さ一〇メートルの姥石が聳えている。ここには田毎の月として知られた棚田が広がっている。〈**末法の姥石はじく蟬の声**〉私は昨年、この地を訪れたとき次のように詠っている。

「姨捨伝説」の里

石仏の肌しつとりと緑雨かな

長楽寺「芭蕉翁面影塚」

姨捨に田植はじまる棚田かな
旅ひとり草笛を聞く北信濃
滴りや目鼻とけたる野の仏
石仏の肩に乗りたる雨蛙
姨捨ての伝説を聞く植田風

姨捨

私の俳句仲間は当地を次のように詠っている。

姥石に登り恐ろし青時雨　羽場恵子
北信濃田植の遅き棚田かな　小平裕子
青葉濃し雨に烟らふ北信濃　富成千花
滴りや奇岩を仰ぐ身の小さし　竹入和恵
石仏にそれぞれの顔梅雨しとど　河合千雅子
姨捨や棚田の光る梅雨晴間　向山政俊

芭蕉は近くの坂城で〈**いざよひもまだ更科の郡哉**〉と詠んでいる。芭蕉に思いを馳せたあと、一二時五〇分、長楽寺から聖高原を目指し、坂を登り始める。この坂は私の自転車では傾斜がきつく最初から登れない。自転車を押す。暫く行くと、木陰に怪しげな男が立っている。ライブ的に表現すると、上半身裸の三〇半ばの屈強な男が、軽トラを止めて涼んでいる。乗馬ズボン（鳶服）を穿いている。土木作業員のようだ。男が私に「旅ですか」と言った。私「今日、松本まで行きます」と言うと、男は「聖高原は良いところですよ。楽しんでいらっしゃい」と言った。何か意味ありげな口調に、少し恐怖を覚えた。私は「ありがとう」と言った。これで会話は途切れた。わんわんと蟬の鳴くなか、自転車を押し続ける。道は国道四〇三号線である。**〈わんわんと蟬の啼き出す耳の裏〉**

おかしい、自転車のメーターが動かない。これではスピードも距離も分からない。五年間、電池を取り替えていないせいだろう。自転車を押す、押す、押す。いくら押しても山頂部に出ない。今までも大垂水峠、富士見峠、塩尻峠を越えて来たが、暑さも加わり、辛い、苦しい峠越えとなっている。午後一時四〇分、松本へ五一キロの道路標識があった。これを見て、私の全身から力が抜けた。**〈ひーひょと啼くは鵺かもうすら闇〉**

連日のように熱中症のニュースが報道されている。私は対策として、凍らせたお茶とスポーツドリンク五〇〇ミリリットルを三本、塩飴と梅干を持ち歩いている。水三本は殆ど残っていない。九十九折の道は傾斜を増している。なおも登り坂が続いている。時折車が通り過ぎるが、止まってくれる車などない。**〈蟬時雨あとは聞えぬ森の道〉〈エンジンの音の轟く木下闇〉**

千曲高原ＣＣに近付いた。汗みどろで草を刈る人がいる。楽しそうに優雅にゴルフをしている人がいる。世の中には矛盾が渦巻いている。私はその渦に弾きだされた一人に過ぎないと思っている。〈汗滂沱天国地獄紙一重〉クラブハウスの前に、ゴルファー以外立入り禁止の看板が出ている。私、フロントで「自販機、どこですか？」フロントマン「そこを出たとこ」実に簡潔である。私「つまみ出されなくて良かった」。玄関前で飲み物を飲む。五〇〇ミリリットルの飲物がすぅーと体に消えて行く。まだ登り坂は続く。道路標識にカーブの数が記入されていた。うろ覚えであるが、カーブの数は四〇を超えていたようだ。自転車を押す、押す、また押す。〈ぴんからと啼くは駒鳥九十九折〉

お腹の中で先ほど飲んだ水が「ぽしゃ、ぽしゃ」と音を立てて跳ねているのが分かった。まるで金魚が胃の底で泳いでいるようだ。自転車を押し続ける。前回までは大腿部の筋肉が硬直したが、今回は自転車を押しているせいか、脹脛の筋肉が硬直している。実はゴルフ場の自販機の前で悪魔の囁きを聞いた。「熱中症だ」と言って、救急車を呼んで貰えばと言う声が聞こえた。僕は悪魔の囁きに勝てたようだ。やっと道が平らになってきた。展望台がある。後から来た、サイクリストに声を掛けられた。「もうここからは下りだ。下った所に駅がある」と言う。私が「どこまで行くの」と訊いたら「松本」と言う。なんと、彼は私と同じホテルに泊まるのだそうだ。驚いた！　午後四時四五分、聖高原山頂部に着く。長楽寺を出発して約四時間、自転車を押し続けた。メーターが故障で確かではないが、あの坂道一五キロを押し続けたのだ。〈**炎天や登り詰めたる九十九折**〉涙が出そうになった！（こんなの初めて）。篦鮒の管理釣り場のある聖湖、別荘などが見えた。「助かった！」麓で怪しげな男の言った通り、聖高原には清々しい風が吹き素晴しい所だった。〈**戯れに夏のあかねを一つ追ふ**〉

あとは下り坂を矢のように走る。「人生、下り坂、最高！」が暫く続く。気持ち良かった。しかし、良い事はそんなに長く続く訳がないのだ。道は上り下りを繰り返してきた。夏とはいえ、山の日暮れは早い。もう午後五時を過ぎている。しかも向い風が吹いている。「もうここまでだ」ガソリンスタンドで一番近い駅を訊いた。篠ノ井線の西条駅まで約二キロだと言う。まるで敗残兵のように自転車を漕いだ。〈**大西日敗残兵のごと歩く**〉午後五時三〇分、西条駅に到着。水を飲む。今日はペットボトル五〇〇ミリリットルだけでも七本も飲んでいる。その他にも飲んでいるのであわせて五リットルぐらいの水を飲んでいる。熱中症が恐かったのだ。ちょっと飲みすぎかなぁ？　あとで体重が二・五キロ減っていた事が分かる。凄すぎる！　自転車を折り畳む。疲れた！　午後六時〇五分発の電車で松本駅に向かう。松本駅に午後六時二八分に到着。約二一キロ、二〇分の乗車であった。ビジネスホテルに午後六時四五分にチェックイン。夕食もとらずに、水だけ飲んでばたんきゅう。続きは明日、目が覚めたら書くことにした。目が覚めることを願っている。〈**おやすみの電話をせずにばたんきゅう**〉これは俳句ではない。

八月一日（水曜日）晴。未明、目が覚めてよかった。昨日の続きのメモを書く。自転車走行距離はメーター不良のため鉄道営業距離を参考に書く。姨捨駅から西条駅は一七キロ。余談だが、ホテルのベッドがやたら広い。そう、ダブルベッドなのである。シングルより二〇〇〇円も割高。話は単純、シングルが満室だっただけである。変な想像をした人はいないと思うが……。しかも、ベッドのシーツ半分は皺も寄っていない。なぜか真ん中に寝られないのだ。何でも身の丈に合ったものが性に合っているのだ。（一見、私、大物に見える？が心臓は蚤並み、いつもはらはらドキドキ。それが慢性精神性疲労の原因）。

もうお分かりだと思うが、前述の行程は、『野ざらし紀行』ではなく、長野～姨捨～松本～塩尻は『更科紀行』である。これから行こうとしている木曽谷はその両方である。〈**昨日は泡沫の夢明易し**〉

シャワーを浴び、荷物を纏める。本日の行程を地図で確認する。本日は松本～塩尻～洗馬～そして「木曽谷を行ける所まで行く」予定である。その前に松本城の散策・タウンウォッチングに出掛ける。まだ朝五時半である。昨年一二月に妻と松本に来ているので道に迷うことはなかった。早朝の散歩は静かで気持ち良いものだ。〈**アルプスを流るる雲や夏の朝**〉

北アルプスを背景とした松本城はなかなかのものである。お濠に鯉が泳いでいる。このお濠、やたら浅い。忍者でなくても歩いて渡れそう。松本城の手前の女鳥羽川沿いの四柱神社に明治二一年建立の芭蕉句碑〈**何の木の花ともしらずにほひかな**〉がある。境内を散歩している人に訊いたが分からなかった。私、探し出し、教えてさしあげました。散歩の人「あれがそうなの」。句碑の存在は分かっ

国宝「松本城」

ていたようだ。

また芭蕉句碑は、村井町バス停に〈**霧しぐれ富士を見ぬ日ぞ面白き**〉城山公園近くに〈**花盛り山は日ごろの朝ぼらけ**〉など、松本市内には一四基あるそうで、長野県内では三〇〇基を越えるそうだ。松本城から大名町大手門井戸に立ち寄り、ホテルに戻った。朝食後、ホテル前で自転車を組み立て、午前七時五〇分出発、国道一九号線を走る。一路、塩尻を目指す。道路は昨日に比べれば、道幅もあり快適である。ただし交通量は多い。危ない所は歩道を走る。交差点で私の目の前を、足早に自転車を押して横切ったおばさんがいた。私の後ろでガチャンと大きな音がした。おばさんが自転車と一緒に転んだ？　私「大丈夫ですか」おばさん「大丈夫」と言ってまた足早に自転車を押して行った。私「大丈夫かな？」この世の中、次の瞬間何が起きるのか、神様、仏様でも分からないのである。気をつけて済むことは気を付けましょう。〈**炎天や逢魔が時は真昼にも**〉

さらに自転車を漕ぐ。八時四〇分、松本市から塩尻市に入る。九時一五分、前回通った国道一九号線（中山道）と国道二〇号線（甲州街道）の交差点に出る。一月前のことが妙に懐かしい。〈**標識を見て居る晩夏ひとり旅**〉自転車を漕ぐ。

洗馬宿を通る。葡萄畑が多い。収穫にはまだ少し間がありそうだ。この辺りは信濃ワインの産地だそうだ。それらしいお店は見当たらない。残念。山が迫り、道幅が狭くなってくる。川の水は綺麗だ。道は昨日ほど激しくはないが、アップダウンを繰り返す。登り坂では自転車を押す。無理はしない。私は六四歳だ。さして若くは無いのだ。自分に言い聞かせる。芭蕉の〈**此秋は何で年よる雲に鳥**〉を思い出す。〈**昼の蚊に隠るる陰を見失ふ**〉なぜこの句が口からでたか分からない。

一〇時四五分、「是より木曽路」の標識を発見。一昨年の初夏、木曽路を吟行したことがある。その時、この標識を見て、マイクロバスの中で皆さんと歓声をあげたのを覚えている。木曽路は中山道の一部で、贄川から馬籠あたりまでを言う。思えば遠くに来たものだ。〈**是よりは木曽路と言うて晩夏かな**〉自転車を漕ぐ。さらに漕ぐ。時折、熱中症予防の水分補給と梅干、塩飴を舐める。また自転車を漕ぐ。〈**真昼間の三十五度の木曽路かな**〉

一一時二五分、復元された「贄川関所」の前に出る。「贄川宿」は木曽十一宿の最北端にある。谷の中央に伸びる何かのんびりした宿場町である。ここには重要文化財「深澤家住宅」、また室町時代作の十一面観音、鎌倉時代末期の一位一

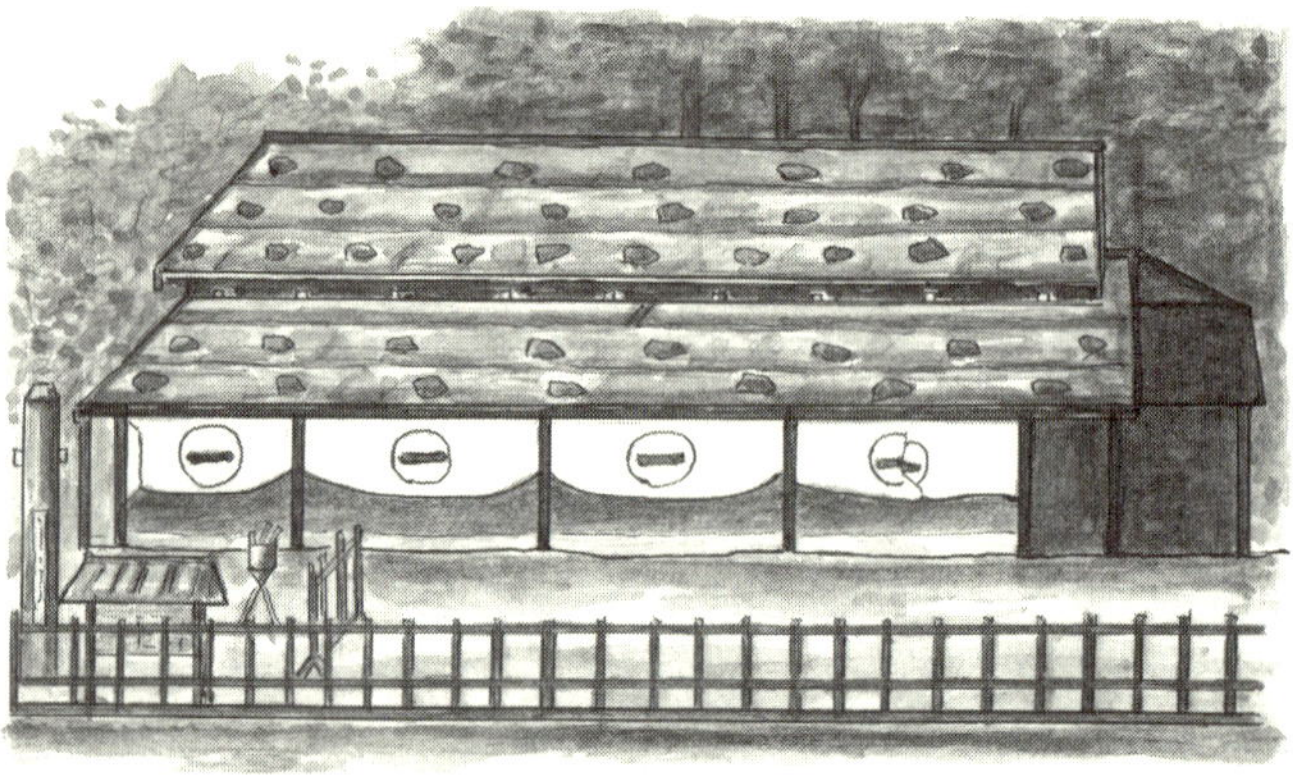

贄川宿「贄川関所」（復元）

刀彫の薬師如来像を祀る「観音寺」、社殿の彫刻の美しい「麻衣廼神社」がある。**〈唐突に揚羽が舞ふや関所跡〉**

私がこれから走ろうとしている木曽十一宿は、贄川宿↓奈良井宿↓藪原宿↓宮ノ越宿↓福島宿↓上松宿↓須原宿↓野尻宿↓三留野宿↓妻籠宿↓馬籠宿の全長八五キロである。しかも「木曽路は全て山の中」である。どうしよう？　ともかく走ろう。ケセラセラ。**〈信条はケセラセラ也さるすべり〉〈旅人は心を夏の雲に乗せ〉**これ俳句かな？　また寡黙に自転車を漕ぎ続ける。**〈寡黙とは夏の浮雲また歩く〉**途中、木曽漆器館を横目にする。奈良井木曽の大橋が見えた。**〈木曽川の瀬音の響く涼気かな〉**

午後一時、奈良井宿に到着。街並みを眺める。一昨年の初夏にも来たが、今日は猛暑のせいか、観光客は殆ど見当たらない。一本の長い街並みがゴーストタウンのように見える。**〈街並みの狐色して炎天下〉**

一昨年の五月の末に「信濃かびれ会」の俳句仲間と、木曽路の福島・平沢・奈良井宿を中心に、「徳音寺」（木曽義仲一族の菩提寺）、「木曽馬の里」（開田高原）、「興禅寺」（木曽三大名刹の一つ）、「いわや旅館」（福島の歴史ある老舗旅館）、「中山道街並・福島関所跡」、「平沢漆工の町」等を吟行した。その時の俳句を思い出したので書き出してみた。

遠閑古山のみどりが傾れくる
若葉風木曽馬の目の穏やかに
薫風や笹竜胆の幟立つ
義仲の墓の間近に武者幟
藤匂ふ巴御前の筆のあと
瀬の音の響きや木曽の遅桜
緑蔭や木曽の時間のゆるやかに
石仏が耳かたむくる滝の径
禅寺にスニーカーあり時鳥
牡丹の咲き残りたる木曽路かな
落し文二十の頃を振り返り
木曽谷に桐の花咲く旅愁かな

その時の俳句仲間の吟行句は次の通り。木曽谷を生き生きと描写している。

苧環咲く古刹に首の無き仏　羽場桂子
黒鶫義仲の墓翳りたる
水音に昏るる木曽谷桐の花
義仲の幽き墓域や著莪の花　小平裕子
トンネルを抜ければ木曽路桐の花
明易し瀬音はげしき木曽の宿
木曽川の水嵩増しぬ花空木　竹入和恵
朴若葉森の陽射しの透きとほる
木曽谷の山気清しき桐の花
水音の絶えぬ古刹や九輪草　富成千花
宮様の泊まりし宿や河鹿笛
山里に細身の仁王風五月

木曽馬の眼のやさしさや牧若葉　永井千代子
山あやめ義仲の墓寂びにけり
木曽川の瀬の音を聞く旅愁かな
杜の径銀龍草を屈み見る　氣賀澤なつ子
興禅寺雪笹の花そそと咲く
庭石菖老いの兆しか物忘れ
山頭火越えし峠や山つつじ　塩澤信子
木曽若葉巴御前の騎馬の像
義仲の墓への径の落し文
木曽馬の風に嘶く五月かな　向山政俊
黒鶫古刹の森の風薫る
藤垂れて少し寂しき午後の寺

一時二五分の中央本線で塩尻駅に向かう。塩尻駅から新宿駅は「あずさ二〇号」の指定席を取る。

奈良井駅での私と駅員の会話。私「荷物を置きたいので、その車両の一番後ろの席にして下さい」駅員は時刻表を調べるが、分からない様子？　結果、発売された指定席は二号車一番Ｄ席（車両の一番前）。私の座席の後ろに荷物を置きたいという当初の目的は達せられなかった。私「二号車は進行方向に向かって、後ろですか、前ですか」駅員「塩尻駅で訊いて下さい」私「何じゃ、こりゃ？」駅員はかなり高齢に見えた。高齢者雇用に異論はないが、ＪＲのサービスも落ちないようにして欲しい。〈**古団扇ローカル線の駅の午後**〉誰が最初に話し掛けたか分からないが、相席の人たちと話が弾んだ。地元のおばあちゃん、三〇歳前後のおねえさん、「青春18きっぷ」の京都のおばさん、たわいも無い話は実に楽しい。〈**夏終はる旅は見知らぬ人ばかり**〉乗車した電車がかなり遅れた。私、塩尻駅の駅員に訊いた。私「間に合いますか」駅員、自信ありげに「大丈夫です」私、階段を駆け上がり、「ふぅ、ふぅ」言いながら乗車ホームへ。乗る電車も遅延していてセーフ。私「何じゃ、こりゃ！」塩尻駅、一三時五六分発の「あずさ二〇号」に乗る。新宿駅、一六時三六分着。乗車中にアイスクリームを食べる。あとは爆睡、夢の中。午後五時前、自宅に到着。無事で良かった。妻「あら、早いのね」私、家でも疲れる？　脹脛の筋肉痛が癒えるまでに一週間かかった。年を取ると疲れが取れるのも遅くなるそうだ。やや年配の俳句仲間に教えて貰った。〈**夏はもう終つてしまふまた眠る**〉〈**なかなかに大人になれぬ青薄**〉俳句に情感が無くなった。

今回の旅で、今まで毀れていたのは私の体だけだったが、自転車走行中「後輪が横滑りをするなぁ」と思っていたら案の定、スポークが一本、折れていた。前輪の回転が悪いのは、ベアリングの傷が原因だった。メーターは電池が切れていた。八月二四日に自転車の修理が終った。あとは次回の出発を待つのみである。

戦友と思ふ自転車風の秋

一日目の走行距離はメーター不良のため鉄道の営業距離で一七キロ、二日目三四キロ、合計五一キロ（実際はもっとあると思う）。行程一泊二日。累計二七八キロ、二泊七日。次回は『更科紀行』『野ざらし紀行』の奈良井宿↓福島……↓名古屋を目指しどこまで行けるか？「かびれ茨城同人会」の俳句仲間がバスで「逆まわり応援ツアー」を組んでやって来る！

松本「四柱神社」芭蕉句碑（八二頁）
「何の木の花ともしらずにほひかな」

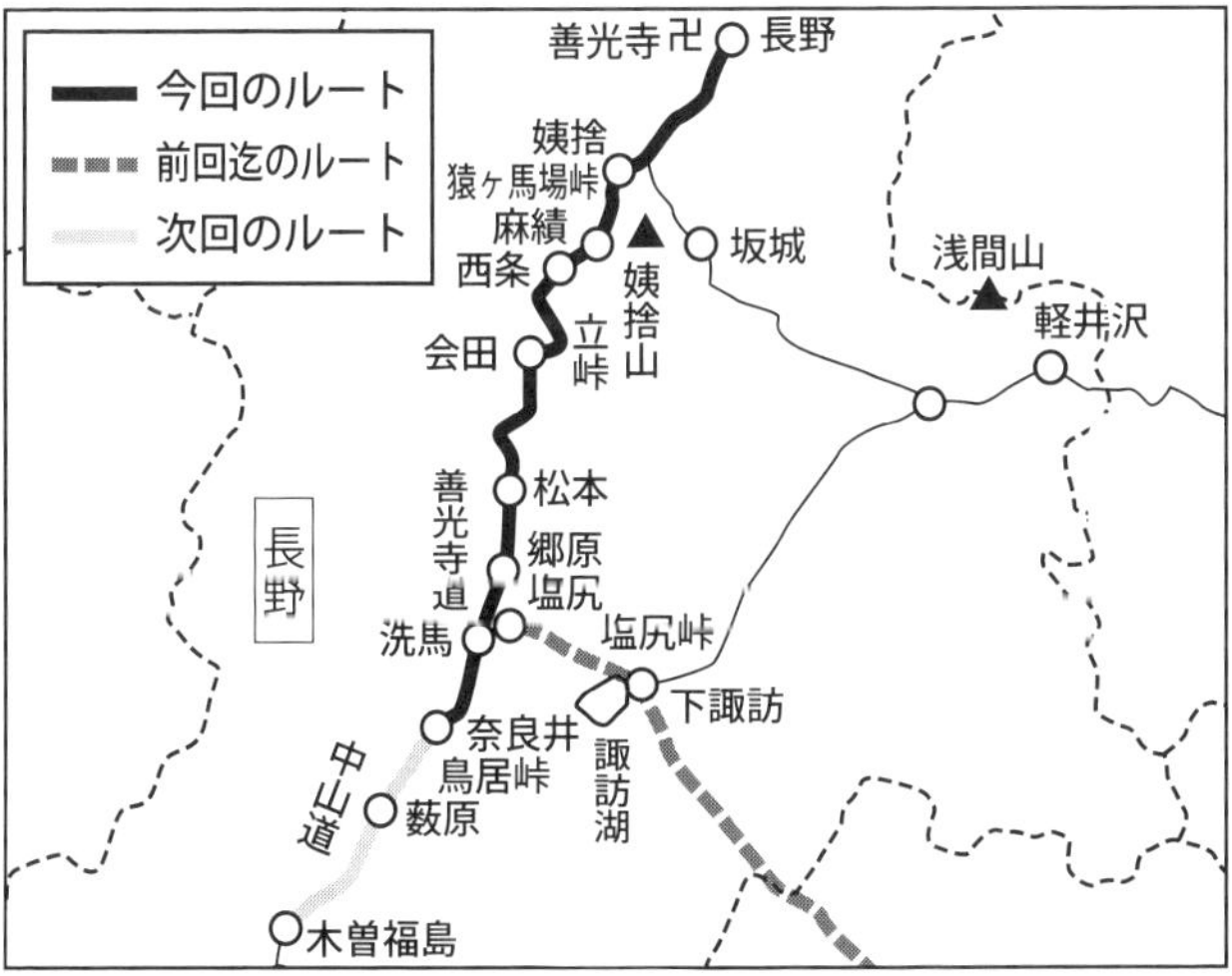

第6次　奈良井宿から名古屋へ

平成二四年八月二六日（日曜日）晴。今年の残暑はことの外厳しい。毎日が三五度を超えている気がする。そう言えば東京の空を怪しげな雲が流れていた。〈**東京を残暑の雲の居座りぬ**〉何か悪いことが起きねばよいが……。いけない。そうだ。思い出した。日立から「逆まわり応援ツアー」がやって来るのだ。総勢二〇名余がバスで来る。これは恐ろしいことだ。午前六時、JR日立駅前を出発しているはずだ。私との待合せは八時一五分に首都高速の八潮PAである。時間に遅れたら大変な目に遭う。自転車を背負う。どこかで寝息が聞える。そうか、今日は日曜日である。妻はまだ寝ている。現役だから一週間に一度の大切な休養日である。仕方なかろう。私はオールサンデーである。半分養ってもらっている。文句もいえない立場である。そっと、早めに自宅を出る。〈**ドアそっと閉**

めて初秋の旅に出る〉俳句を始めて五〇年になる。やっとこの頃、口を開けば言葉が俳句になるようになった。修練？習慣？とは恐ろしいものだ。

都電荒川線荒川車庫前からTX（つくばエクスプレス）の乗換え駅、北千住に向かう。都電沿線の秋の薔薇が綺麗である。〈**絵のやうな都電に沿うて秋の薔薇**〉〈**秋日差す都電の揺れに身を合はす**〉TX八潮駅に着く。ここより八潮PAまで歩く。歩くのは初めてで道が分からない。犬の散歩の人に道を訊く。約一〇分後、目的地に到着。約一〇キロの荷物を背負って来たので、全身より汗が噴き出す。とにかく「チョー暑い」のだ。予定よりだいぶ早く着いた。ケータイを掛ける。なぜかデンワ中？（出ない）三人に掛ける。誰も出ない。こんな事で、目くじらを立てて怒るようでは、このグループとは付き合えない。人間、辛抱が肝心である。〈**秋暑し終のひとこと御人好し**〉？　合流する前からだいぶテンションが上がってしまった。待ち人から電話「渋滞しているから遅くなる！」三分後。「今、着いた。せんせい、どこ？」私の目の前にバスが止まっていた。「遅くなる……三分後……着いた……」の意味不明？　話す方も聞く方も早口で、語尾上がりの茨城弁だから実に忙しい。知らない人が見たらまるで喧嘩だ。〈**秋日差す茨城弁**

は機関銃〉これ冗句《ジョーク》。途中、中央高速石川PAで東京組を四人乗せて、昼食場所の諏訪へ向かう。波瀾万丈の二日間の幕開けである。休日のため高速道路が渋滞。始まりました！「かびれ茨城同人会」名物「ビンゴ＆じゃんけんゲーム」である。賞品が付くと、いい大人が他愛も無い勝負に夢中になる。司会は「かびれ全国同人会」幹事長の山田祥生さん、生粋の茨城訛である。喋るたびに大爆笑。笑うのも疲れる。〈**負け癖の付きしジャンケン葛の花**〉〈**秋桜笑ひ疲れて寝てしまふ**〉これが俳句であるはずはない。バスは塩尻宿↓洗馬宿↓本山宿↓贄川宿を通過する。屋根に石を置き復元された、贄川関所に歓声があがる。同行の井上千代子さんが即座に〈**秋日濃し屋根に石置く関所跡**〉と詠む。さすが、お見事！　拍手。この方、四月末に山形保紀さんと一緒に旧甲州街道を車で伴走をしてくれた人である。私は先月、ここを自転車で走っている。私がバスガイドに代わりマイクを持つ。途端に茨城訛が復活する。〈**ふるさとの訛にもどり秋の旅**〉訛と言えば、同乗のこのバスガイドさん、日立市ではかなり有名な名物ガイドさんで、顔見知りの人が何人もいた。〈**葛咲くや常陸訛りの名ガイド**〉早田維紀子。時間の都合で立ち寄り場所を一部カットして、第一の目的地、奈良井宿に到着。その前に「こ

奈良井宿

れより木曽路の碑」が見つからず、一騒ぎ。途中、突然バスが急ブレーキ。「何だ？何が起きた」。猿がバスの目の前を横切る。まさに木曽の山猿である。〈**人間のような残暑の猿二匹**〉

奈良井宿は木曽路の見所の一つである。俳句手帳を持つ。先ほどのバスの中の顔つきとはまるで違う。〈**手に句帳もてば俳人秋日濃し**〉土産物屋を覗きながらの吟行は楽しい。〈**昼月や婆の居眠る奈良井宿**〉

奈良井宿を、観光パンフレットを参考に説明すると次のようになる。「奈良井は中山道の難所・鳥居峠の麓にあり、江戸時代には『奈良井千軒』と謂われ、栄

奈良井宿「鍵の手」
奈良井宿の上町と中町の境にある
クランク形状の道路

えた宿場である。妻籠宿とともに国の重要伝統的建造物群保存地区に選定されている。ここには『中村邸』『上問屋資料館』『楢川歴史民俗資料館』『大宝寺』横のマリア像や庭園『八幡神社』の杉並木や二百地蔵などの見どころがある」。宿場の脇を流れる奈良井川に架かるアーチ型・総ひのき造りの美しい橋が「木曽の大橋」である。ここは一見の価値がある。無論、渡ることも出来る。私はこの川が木曽川と思っていたら、川は鳥居峠を越えて名前が木曽川に変わるそうだ。皆さん、覚えておられるだろうか。ここ奈良井宿は平成二三年のＮＨＫ連続テレビ小説「おひさま」の撮影地として使われ、約三〇〇メートルにわたり大掛かりなセットが組まれ、昭和初期の街並みが再現された所だ。〈**撮影の虚飾の台詞残暑の町**〉

吟行を終えた皆さんが、ニコニコ顔でバスに戻ってくる。句帳を大切そうに持っている。時々、吟行会で句帳を落とし、泣きそうな人がいる。皆さん、そういうお年頃なのである。バスは今夜の宿泊場所、昼神温泉に向かう。

首の無きマリア地蔵や秋の風　田中嘉津子

秋の蝶マリア地蔵のひっそりと　井上千代子

コスモスや木曽の檜の太鼓橋　斉藤弘子
山国の水の響きや釣舟草　山田祥生
秋日差す水汲みて飲む奈良井宿　添野美枝子
句帳手に歩く宿場や水引草　鶴岡育枝
それぞれの家に屋号や秋日濃し　石井斐子
とんぼうや水がさ走る奈良井宿　伊香節子
格子戸に絡む朝顔奈良井宿　大山とし子

私が気になるのは奈良井宿の傍にある「新鳥居トンネル」である。トンネルはサイクリストにとって天敵みたいなもので「危険が危ない」のだ。しかしここは大丈夫のようだ。明日、私は奈良井宿に戻り、木曽福島を独り目指すことになる。バスは権兵衛トンネルを抜け伊那方面に向かう。途中、中央自動車道が渋滞。車窓より葛の花・萩の花が見える。雨が降り出している。「まぁ、いいか」。〈**すこしだけ心が翳り秋の雨**〉東京は過激なままでの残暑、信州は初秋である。〈**伊那谷の風の澄みゆく初秋かな**〉〈**旅愁とは萩咲く伊那のバスの旅**〉昼神温泉に到着。

本日の吟行句二句を幹事に渡す。それと引替えに部屋のキーを貰う。夕食の前に句会をしないと「食事が喉を通らない」という大方の意見で、句会が始まる。気心を知った仲間の句会は楽しい。当日の句会の主な句を書き出してみる。

水旨き奈良井の宿や赤とんぼ　鶴岡育枝
萩咲くや水音近き奈良井宿　井上千代子
葛咲くや探しあぐぬる木曽路の碑　田中嘉津子
ごくごくと水飲む木曽や秋日澄む　大竹多可志
伊那谷の風立つ日暮れ葛の花　山田祥生
旧道の時の止まりて秋の風　大竹郁子
爽秋の野猿に遇ふも旅なれや　早田維紀子
稲は穂にS字カーブの川光る　山田昭江
奈良井宿だるまポストに秋日濃し　鈴木ヨシエ
木曽谷や柄杓に止まる赤とんぼ　添野美枝子

秋涼しマリア地蔵に手をあはす　大山とし子
コスモスや木曽の檜の太鼓橋　斉藤弘子
秋暑しどんと構へる酒林　髙野敏子
秋の雲『野ざらし紀行』携へる　助川孝子
秋嶺の峨々と聳ゆる信濃かな　加藤秀子
秋蟬や奈良井の宿の石畳　石井斐子
秋日燦高層ビルの魔物めく　沢畠シツ子
秋の風江戸の歴史の有りし町　渡辺田鶴
たまゆらの日色風色花芒　伊香節子
穂芒や木曽路の風の清々し　小出民子

吟行句は現場に忠実であればそんなに酷い句は生まれないはずだ。「上手く作ろう」という人間の欲が折角の秀句を毀してしまう。それが悲しい現実だ。俳句は「実感を大切に見たものに自分の思いを込めて詠うもの」と思っている。それが私たち「かびれ」の指向する「季感詩俳句」だ。

句会後の食事は楽しい。それから寝るまで賑やかに、俳句以外の話で盛り上がったようだ。そう言えばホールのジャズの生演奏に合わせ、女同士で踊っていた人もいたなぁ。〈**妖しげな女同士のダンスかな**〉無季。添削〈**新涼の女同士のダンスかな**〉明日も早い。おやすみなさい。〈**瀬の音の銀河に響く伊那盆地**〉今度こそ、グッドナイト。

八月二七日（月曜日）晴。朝五時、朝風呂に入る。湯上りに缶ビールの一本もあれば正に極楽である。今日は自転車走行が待っている。飲むわけにはいかない。安全第一である。〈**安全を祈る窓辺に虫が鳴く**〉もう秋だ。私だけでなく、決して若くは無い俳人の朝は早い。近くでドアの開く音がした。昨夜ホテルから一〇分ぐらいの所で、昼神温泉朝市が開かれていることを聞いた。今六時、朝食は七時半、十分時間はある。よし、行くぞ。〈**阿智川の脇の朝市小鳥来る**〉朝市は観光客で賑わっている。地元の野菜、果物、工芸品、玩具まである。見ているだけでも朝市は楽しいものだ。私たちの仲間も荷物を増やしている。私は我慢。これ以上荷物を増やしたら、自転車がパンクする。昼神温泉の位置が分からなかったが、地図を見たらここは下伊那郡である。奈良井宿からだいぶ南下したようだ。

朝市に下る小径や草の露　助川孝子
秋麗ら夫婦は同じ土産買ふ　山田祥生
一口のワインに酔ふや秋の宿　渡辺田鶴
信濃路の月を見上ぐる露天風呂　添野美枝子
白秋や友と語らふ露天風呂　鶴岡育枝
生ひ立ちに及ぶ話や露の宿　加藤秀子

朝食後、八時半。妻籠宿に向けバスが出発する。木曽だけでなく伊那もかなりの山の中であることが分かった。〈**秋澄むや伊那より木曽へ山のぼる**〉
午前九時一〇分、妻籠宿へバスが到着。所要時間四〇分。仲間と一緒に吟行。妻籠宿の古い宿場の町並は国の重要伝統的建造物保存地区に、日本で初めて選定されている。出梁造りに堅繁格子、卯建のある軒の続く道は、旅人を江戸時代へタイムスリップさせてくれる。約八〇〇メートルの通りの中央付近に「脇本陣奥谷」、うぐいす張りや欄間の美しい「光徳寺」、庶民の木賃宿「上嵯峨屋」、江戸幕府のお触れを通行人に知らせた「高札場」などがある。

楽しかった妻籠宿の吟行が終る。昨日の奈良井宿、今日の妻籠宿も通りはすごく綺麗であった。しかし歩いているのは観光客、建物の中は土産物屋の店員だけである。子供の声も聞こえない摩訶不思議な空間であった。**〈住む人の匂ひ無き町うすら寒〉**

妻籠宿軒に揺れたる大糸瓜　田中嘉津子
秋暑し人のまばらな妻籠宿　斉藤弘子
蜻蛉飛ぶ妻籠より出す葉書かな　助川孝子
木曽谷の動かぬ水車秋日濃し　添野美枝子
高札の薄き文字読む秋の昼　渡辺田鶴
朝日差す脇本陣の鳳仙花　井上千代子
濃龍胆住めば都の妻籠宿　鈴木ヨシエ
瓢簞のぬっと突き出る妻籠かな　髙野敏子

土産物選ぶ妻籠やつくつくし　加藤秀子

私はここで「かびれ茨城同人会」の皆さんに見送られ、木曽路の旅を続けることになる。

午前一〇時一五分。〈**秋風裡友に泣き顔見せられぬ**〉また直ぐに会えると分かっていても別れは苦手である。〈**秋つばめ旅の別れは振り向かぬ**〉私は見送りの皆さんの目の前を自転車で大きく円を描くように走り、背を向けたまま手を振り、JR中央本線南木曽《なぎそ》駅に向かった。

かなかなやたちまち自転車組み上ぐる　渡辺田鶴
赤とんぼ師との別れに日の翳る　髙野敏子
秋の蝶自転車の師を見送りぬ　斉藤弘子
見送りの輪の中に入る秋の蝶　大山とし子
手を挙げて旅立つ師の背秋日濃し　助川孝子
秋日濃し手を振って去る師の背中　添野美枝子

天高し銀輪の師の振り向かず　山田祥生

見送りに振り向かぬ師や秋桜　鶴岡育枝

秋日濃し出立つの師は振り向かず　加藤秀子

澄む山の奥へ師の影呑み込まれ　早田維紀子

師の門出送る拍手や竹の春　小出民子

秋光や師を送りたる妻籠宿　石井斐子

午前一〇時四〇分、三キロを二五分で走り、南木曽駅に到着。時刻表を見て驚く。奈良井駅に向かう電車は「なんと！一二時二〇分」である。一時間四〇分待ちとなった。私、愕然とする。この時間帯、電車の間隔は二時間である。待合室には殆ど人はいない。年輪の綺麗な古木を使った幅広のベンチが置かれていた。旅の疲れもあり、横になったらそのまま寝てしまった。**〈秋うらら駅のベンチで夢を見る〉**

午後。さて、これからが今回のひとり旅の始まりである。南木曽駅から一二時二〇分発の電車に乗ると、鉄道営業距離で五四キロ、奈良井駅到着が一三時二六分。そこから国道一九号線（中山道）を走り、木曽福島駅まで鉄道営業距離で二一キロを自転車走行の予定である。翌二八日はここ南木曽を通り抜け中津川駅まで鉄道営業距離で五三キロを走る。二九日は名古屋に向かい、中山道を行ける所まで行く。宿の予約はしていない。問題は八月末のこの暑さである。無茶な計画であることは分かっている。さして若くはないのだ。〈**少年の夢の続きで蜻蛉追ふ**〉予定の電車に乗り、奈良井駅に到着。自転車を組み立て出発の準備をする。一四時、奈良井駅より木曽福島駅に向け、自転車を漕ぎ出す。暑い。檜の太鼓橋が見える。奈良井川がさらさらと流れている。本日の第一関門というべき鳥居トンネルが地獄の口から闇を吐き出している。〈**トンネルの闇を被るやそぞろ寒**〉自転車の通るスペースはまぁまぁである。しかし暗い。路面がぬかるんで良い状態ではない。問題は換気と大型車の風である。自転車のハンドルを取られてふらつく。即、歩くことにした。一四時一五分、トンネルの入口。一四時四〇分、トンネルの出口。二キロを二五分で歩いた。〈**トンネルの外の野原の秋日濃し**〉心配していたトンネルを無事通過することが出来た。〈**るんるんと風のそよ吹く芒原**〉風が心地好いが、日差しはかなり強い。中山道は木曽川に沿い、上り下りを繰り返している。暑さも加わり自転車走行はかなりきつい。時々、「なんで、こんな馬鹿な事しているのかなぁ」と思う。

前方にパトカーが止まっている。事故のようだ。もう直ぐ木曽福島である。前方に信号待ちの大型トラックが見える。私はトラックの脇を通り抜けようとした。道がカーブをしていたか、トラックが少し道路に対し水平に止まっていなかったか、歩道とトラックの隙間が急に狭くなっていた。自転車が通り抜けられない。思わずブレーキを力いっぱい握る。ぎぃぎぃぎーと大きなブレーキの音がする。がぁがぁと後輪で大きな音がする。後輪の軸が歩道の縁石に接触したのだ。埃が舞い上がる。自転車が大きく揺れる。バランスが大きく崩れた。体が一瞬自転車から浮いた。放り出される？　覚悟した。幸い、辛うじて自転車が止まった。危なかった。自転車を点検する。リムもスポークも大丈夫のようだ。走り出すことが出来た。**〈事故と言ふ恐怖に出遭ふ秋の冷え〉**ああ、恐かった。

大きな鳥居が見える木曽福島である。とりあえず駅前の観光案内所に行く。近辺のパンフレットを貰う。小学生のランドセルから鈴の音が聞える。熊除けだそうだ。**〈熊除けの鈴の響きや初紅葉〉**

一六時、民宿「むらちや」に着く。民宿にしては小粋な構えである。潜り戸をぬけると通し土間になっている。「ほぉ、これ民宿」と言いたくなる。部屋からバスの仲間に「無事到着」の連絡を入れる。バスは東京で交通渋滞に嵌っていた。ごくろうさま。**〈虫の音を聞いて木曽路の旅愁かな〉**民宿の食堂には私の他、若いカップル。青年はお櫃を空にした。凄い！　もう一人は私より年上の四国の男性、観光がてら自宅の和室用の木曽の丸太を買いに来たそうだ。ここの民宿の女将さんのきびきびとした動きが実に気持ち良い。ビジネスホテルは面倒が無くて確かに良いと思うが、たまには民宿に泊まるのも良いものだと思う。お休み。**〈就寝は八時前なり虫の宿〉**私の旅の俳句は安易で、その場の雰囲気まかせになっている。軽い俳句と芭蕉の「軽み」の俳句とは違う。そんなことは無論分かっているつもりだが「お主、まだまだ修行が足らんの？」である。口から出まかせの、俳句擬きを量産しているので、呆れている人もいるだろう。本日の走行距離は二五キロ。旅は早寝早起きが肝心である。八時半、今度こそ就寝。寝そびれた。お休みなさい。**〈虫の音を枕に木曽の旅寝かな〉**「発想が古いね」と言われそう。反省。

木曽福島

八月二八日（火曜日）晴。木曽福島は、四大関所のひとつ「福島関所」、「崖家造り」の家並み、尾張藩木曽代官屋敷「山村代官屋敷」、枯山水の庭が素晴しい木曽氏の菩提寺「興禅寺」、藤村ゆかりの「高瀬家」、袖卯建、千本格子、なまこ壁の土蔵の残る「福島宿上の段」がある。木曽福島は一昨年（平成二二年）、伊那の俳句仲間とゆっくり歩いている。今回は木曽川の対岸の道を走り、木曽福島駅に出たいと思っている。そこからは木曽川の名所「木曽の棧《かけはし》・寝覚の床」を通り、中津川駅前のビジネスホテルに向かう予定である。木曽福島駅から中津川駅までの鉄道営業距離は五三キロである。

午前八時四〇分、民宿「むらちや」を出発。〈**むらちやの女将手を振る爽やかな**〉木曽川に架かる大手橋を渡る。〈**木曽川の橋を渡るや秋めく雲**〉目の前が「山村代官屋敷」である。〈**一枚の森の写真の秋めきぬ**〉少し先の木曽郷土館の脇に『夜明け前』の碑がある。傍に〈**さざれ蟹足這ひのぼる清水哉**　はせを〉の句碑があれば〈**木曽川に蟹を探すや旅ひとり**〉と詠う。行人橋の手前に「崖家造り」が見える。〈**新涼や崖家造りに知恵を見る**〉津島神社に〈**かけはしや命をからむ蔦かづ羅**〉の芭蕉句碑がある。無論、ここで芭蕉が詠った句ではない。〈**秋の雲木

曽路に多き芭蕉句碑〉中島橋を渡り木曽福島駅に向かう。**〈木曽川の玉の響きや秋の空〉**

木曽福島駅より中山道合流部に向かう。道は木曽川に沿いアップダウンを繰り返す。暑い。木曽福島より一〇キロ、一時間走行、九時四〇分。木曽の桟《かけはし》に着く。ここには**〈かけはしや命をからむ蔦かづら〉**の芭蕉句碑。正岡子規の俳句二句と短歌一首が一つの碑に刻まれた珍しい「俳句＆歌碑」がある。

「桟《かけはし》」の芭蕉句碑
「かけはしや命をからむ蔦かづら」

俳句
かけはしやあぶない処に山つゝじ　子規
桟や水へとゞかず五月雨

短歌
むかしたれ雲のゆきゝのあとつけて
わたしそめけん木曾のかけはし

木曽の桟は木曽川に架かる橋ではない。岩壁に沿って丸太（現在はコンクリートポール）を組んだ桟《さん》のような道であったという。ダムも無かった当時、川は急流で高さは七間（一三メートル）もあったと言う。『更科紀行』に次の記述がある。文中一番の見せ場である。

桟はし・寝覚など過て、猿がばゝ・たち峠などは四十八曲りとかや。九折重りて雲路にたどる心地せらる。歩行より行ものさへ、眼くるめきたましひしぼみて、足さだまらざりけるに、かのつれたる奴僕いともおそるゝけしき見えず、馬のうへにて只ねぶりにねぶりて、落ぬべき事あまたゝびなりけるを、あとより見あげてあやふき事かぎりなし。仏の御心に衆生のうき世を見給ふもかゝる事にやと、無常迅速のいそがはしさも、我身にかへり見られて、あはの鳴戸は波風もなかりけり。

文中の「無常迅速」とは、人の世の移り変わりがきわめて早いこと。歳月は人を待たず、人の死の早く来ること。仏教では、世の中の移り変わりのすみやかなこと。また、人の死が早く訪れること。「無常」は、仏教で、一切のものが生滅・変転してさだまりがないこと。「迅速」は、非常にはやいこと。

芭蕉の晩年の俳句に〈**此秋は何で年よる雲に鳥**〉がある。句の意味は「今年の秋はどうしてこんなに身の衰えを感ずるのだろう。なんだか急に年をとったかのような気がする。秋の空をさびしく眺めやると、遠く雲に飛ぶ鳥の姿が目にはいるが、その頼りなげなさまは、あたかも旅に病む私の心のようで、旅の愁いをひときわ深く感ずることである」。この一句に「無常迅速」の思いが込められている。

〈秋風裡木曽の桟とほく見る〉

暫く走る。バスが止まり、観光客を吐き出している。ここは木曽川に方状節理の白い岩が連なり、浦島伝説もある「寝覚の床」である。臨川寺の境内には**〈ひる顔にひる寝せうもの床の山〉**の芭蕉句碑がある。私は**〈人の世の夢まぼろしの秋の蝶〉**と詠った。

午後一時一五分、木曽福島から四時間三五分、四七キロ。長野県と岐阜県との県境を越えた。急に回りの山の景色が明るくなった。午後一時二〇分より四〇分まで、賤母道の駅で休憩。**〈秋きざす雲を見てをり木のベンチ〉**

さらに中山道をひた走る。高校生らしきペアが歩いている。中津川駅への道を訊こうとして驚く。セーラー服の少女はなんと金髪、碧眼である。美少女コンテストに推薦したいような美少女である。**〈風そよそよ碧の翅の秋の蝶〉**美少女のイメージを詠んでみた。午後三時二〇分、中津川駅前のビジネスホテルにチェックイン。フロントに少し……だいぶ太った三〇半ば過ぎの女性がいる。この方、私が電話で宿泊予約をした時、私が「大竹（オオタケ）です」と言ったら「オオハゲさんですか？」と訊きかえした人である。私、思わず笑う。走行距離六三キロ。この暑さの中よく走った。〈**秋の夜メールに二文字「無事」と書く**〉おやすみ。

八月二九日（水曜日）晴。朝七時前、フロントに部屋のキーを返そうとしたら、部屋に鍵がしてあり、フロントに入れない。困った！　電話をしたら昨日の女性、まだ寝ていた。女性「フロントの前のキーボックスに鍵を入れて」私「それなら、昨日のうちに言って」と思った。でも宿泊料金はやたら安かった。「まあ、いいか」。ホテル前で自転車を組み立て出発。本日の予定は中山道を名古屋に向け走る。鉄道の営業距離で約八〇キロある。行ける所まで行く。ホテルの予約はしていない。「とにかく、行ける所まで行くのだ」である。〈**野ざらしを覚悟の旅の径に萩**〉最初はこの句のとおり、野ざらしを覚悟していたが、九月末に初孫誕生の予定がある。命が惜しくなった。安全第一の自転車走行である。〈**初孫は男子の予定秋の雲**〉人間なかなか邪念は捨てられない。まだまだ此の世に未練がたっぷりある。〈**邪念あり此の世に未練花すすき**〉訳の分からぬ呟きまで五七五調である。俳句を始めて五〇年、身についた習性は恐ろしい。

自転車走行に専念する。漕ぐ。漕ぐ。漕ぐ。道はほぼ、ＪＲ中央本線に沿っている。恵那峡の最寄り駅恵那駅の近くを通過する。この暑さは異常である。暑い。暑すぎる。道はアップダウンを繰り返している。自販機で水を買い休憩する。今日は旅の四日目、かなり草臥れている。「もう、今回はここまでにする」ことにした。午前一〇時前。中津川駅前を出発して約二時間半、二一キロ走った。疲れで注意力が散漫になっていることは確かだ。「事故の起きる前に止めよう」。〈**さだまらぬ視線で空にとんぼ追ふ**〉自分に独り言のように「ご苦労さん」と言う。〈**秋風の光の渦に巻かれけり**〉中央本線の武並駅を午前一〇時二五分発の名古屋駅に乗る。車窓より雲の流れをぼんやり眺める。〈**秋雲を目で追ふ旅の車窓かな**〉電車は土岐市、多治見、春日井を通過。六二キロを走り一一時二七分に名古屋駅に到着。新幹線、名古屋発一一時五三分「のぞみ一六号」東京行に乗り換える。東京駅着一三時三三分。自宅に午後二時半前に到着。四日間の今回の旅が終った。暑かった。長かった。〈**虫の夜妻と視線を合はせけり**〉

真剣に真面目に詠んだ木曽路の俳句を皆さんに見て貰い今回の旅を終ることにする。

木曽路

蕉翁の背を追ふ旅や葛の花
八月の木曽路の風のまだ燃ゆる
山里に猿が来てゐる残暑かな
涼新た木曽路の家並み皆低く
秋燕や屋根に石置く奈良井宿
葛あらし木曽路の旅の影歪む
軒下の瓢ぶらぶら木曽路かな
月仰ぐ木曽路の山の迫りくる
水色の闇に透きたる秋の星
高原のホテルの窓の銀河かな
コスモスに風の精舞ふ信濃かな
秋雲を追ひて追はれて旅終はる

今回の走行距離は一〇九キロ、行程三泊四日。累計三八七キロ、五泊一一日。

次回は九月末に伊賀上野で俳誌「山繭」の句会に参加させていただく事になっている。名古屋↓鈴鹿↓伊勢まで鉄道営業距離で一〇六キロを走る予定。伊勢神宮内宮の正式参拝をさせていただく計画もある。検討課題は今回輪行した「武並↓名古屋」六二キロをどうするかである。止めるか、走るか。

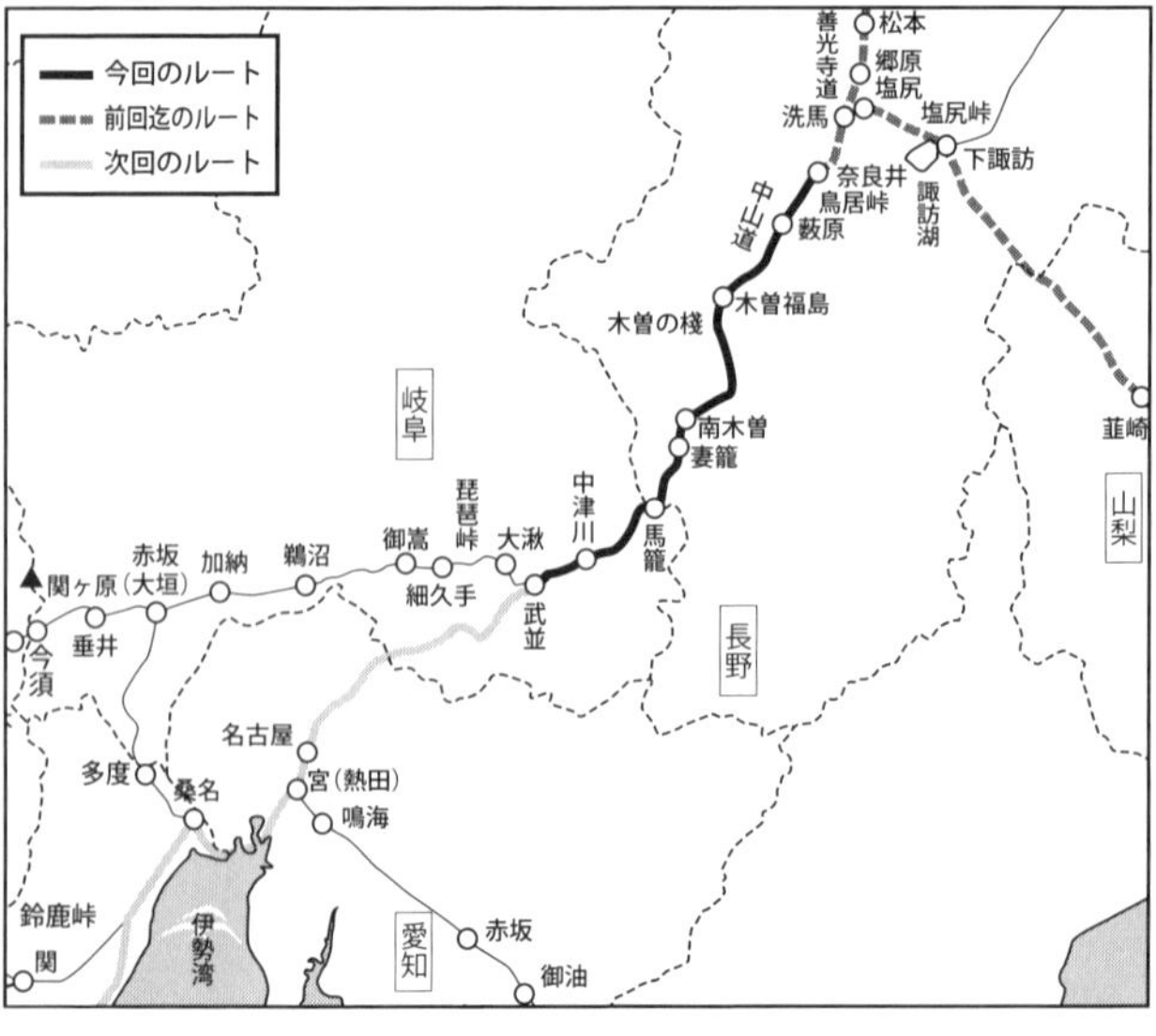

第7次　名古屋から伊勢神宮へ

平成二四年九月二五日（火曜日）晴。**〈旅立ちのときめく胸の九月かな〉**ＪＲ尾久駅に向かう。自宅から徒歩約一〇分である。六時四一分乗車。上野駅から東京駅。東京駅七時一〇分発の「のぞみ九号」に乗る。名古屋駅で関西本線に乗り換え、伊賀上野駅に向かう。途中、亀山駅で乗り継ぎ一〇時五四分。芭蕉の故郷「伊賀上野」に到着。所要時間四時間一三分。鉄道営業距離四六八キロである。前回の「自転車で行く『奥の細道』逆まわり」の旅なら、当然、夜行バスで行っただろう。以前も言ったと思うが「あれから五年」はきついのだ。疲労による事故が怖いので、夜間の行動は避けている。**〈夜行バス避けて残暑の伊賀上野〉**寄る年波か、情けない。

私が伊賀上野に来たのには理由がある。芭蕉の『野ざらし紀行』の旅の目的が、

芭蕉の母親の墓参の旅であることにも因るが、もう一つ、私の旅の目的がご当地の俳人の句会に参加することにあるためである。まして伊賀上野は、俳聖松尾芭蕉生誕の地である。〈**俳聖の地を訪ふ秋の汗拭ふ**〉今年はいつまでも暑い。きょろきょろと探すが、駅前に立っているはずのあの長身痩躯の芭蕉像が見当たらない。どうして？　芭蕉像は旅に出てしまったのだろうか。〈**秋日差すきょろきょろ探す芭蕉像**〉そうか、ここには関西本線の伊賀上野駅と伊賀鉄道上野市駅があったのだ。芭蕉像、俳聖殿、芭蕉翁記念館、上野天神宮、芭蕉生家、愛染院（故郷塚）、蓑虫庵等は伊賀市駅近辺に集中していたのだ。ここＪＲ伊賀上野駅は観光スポットから離れた淋しい所である。〈**自転車を組み立ててゐる秋暑かな**〉

伊賀上野の芭蕉像

先ほどの話に戻ると、「俳句四季」編集部に紹介していただいた、宮田正和先生の主宰する俳誌「山繭」の「山繭上野句会」が今日、伊賀市上野西部公民館で開かれると聞き、参加させていただくためご当地に来たのだ。さて困った。西部公民館が分からない。駅前に淋しげな観光案内所があった。私は道を尋ねることにした。私「こんにちは」。案内所のおばさん、まだ午前一一時だというのに昼食中である。私「上野西部公民館に行きたいのですが」。おばさん、何か地図のようなものを探してくれた。柘植川を渡って暫く行ったら「人に訊け」という。私はおばさんの昼食の邪魔をしてしまったようだ。「すみません」。

　国道四二二号線を走り柘植川の橋を渡る。橋の欄干には芭蕉、忍者など伊賀上野に馴染みのキャラクターの陶板が嵌め込まれていた。〈**さらさらの風の音聞く秋の空**〉暫く行った所で、場所が分からないので上野西部公民館に電話を入れる。「変電所手前の三叉路を左に曲がれ」という。私、変電所手前の三叉路が分からず通り過ぎてしまった。地元のおばさんに道を訊き直す。三叉路といえば、わたし的なイメージはY《ワイ》字路である。そこはわたし的にはT《ティー》字路であった。分からないはずである。日本語は難しい。一七音の制約のある俳句はなおさら難しいはずだ。変なところで変な納得の仕方をする。〈**いま何故か思ひの如く芒揺れ**〉駅からの距離は約二キロであった。現在の時間は午前一一時である。句会開始は午後一時である。公民館の館長さんに、荷物と自転車を置かせてもらう。昼食を兼ねて町を散策する。

伊賀上野は以前、二、三度来たことがある馴染みの町である。何となく方向は分かっている。伊賀鉄道の上野市駅に向かって歩きだす。藤堂氏の城下町だけあり街並みに落ち着きがある。私はこの町が好きだ。〈**行く秋の芭蕉ゆかりの城下かな**〉駅前に旅姿の芭蕉像が見える。〈**秋雲と翁を追うて此処に佇つ**〉五年前の「自転車で行く『奥の細道』逆まわり」の旅の時は夜行バスをここで降りた。上野天神宮に行って驚いた。本殿が新築のぴかぴかになっている。不審火で燃えてしまい、建て直されたばかりのようだ。何ということだ。〈**秋風裡怒りの遣り場どうすべき**〉困ったことだ。芭蕉は寛文一二年（一六七二年）二九歳のとき、ここ上野天神宮（天満宮とも）へ初めて編んだ俳諧発句合『貝おほひ』を奉納し文運を祈願、俳諧師として世に立つ決意を表している。「史跡・貝おほひ奉納の杜」の石碑、「貝おほひ顕彰記」がある。また次の芭蕉句碑がある。

伊賀上野天満宮

菅社のほとり　薬師寺の会に

初さくら折しもけふはよき日なり　芭蕉

説明板に「伊賀の門人たちが薬師寺において月次句会を催すことになり、『笈の小文』の旅で帰郷していた芭蕉が、その最初の連句会に招かれ、会の前途を祝った句。〝初桜〟に初会を祝う心をほのめかし、一座への挨拶としている。句意は境内の初桜がちらほらと咲き初めた日、幸い好天に恵まれたことであるよ。折りしも今日は月次会の発足にふさわしい誠によい日だ」とあった。

町をぶらぶらするが結局、食事をする適当な場所が見つからない。公民館の傍まで戻り、さきほど通過してしまった「まちなかに笑顔が集まるハトコ食堂」のキャッチフレーズに惹かれ店に入ってしまった。店の宣伝をするつもりはないがユニークな経営をしている。「店内でお惣菜&弁当をお食事していただけます。店の奥へお進みください。カフェのみのご利用もどうぞ」と看板にあった。普通のお店なら嫌がることを店の看板にしている、店内は蔵造りを思わせるシックな造りである。店は熟年過ぎのご婦人を中心に結構にぎわっている。さすが男性一人客は私ひとりのようだ。惣菜を自由に組み合わせることが出来る点は便利である。私は考えた末、〇〇〇カレーを頼んだ。急いでいる時はカレーに限るのである。まずまず美味しかった。〈**秋桜旅のランチはカレーなる**〉句会に参加のご婦人に「良い所に入ったわね」と誉められた。ハハトコ食堂は地元の大手食品会社が「町起し」で創ったお店だそうだ。

ハハトコ食堂と公民館の間に「菊岡如幻翁旧宅跡」の石碑があった。私の知識外の人物であったが、インターネットで検索したら次のことが分かった。

一六二五～一七〇三年。江戸時代前期の国学者。寛永二年生まれ。生家は伊賀上野の豪商久米屋。北村季吟について国学、和歌をまなぶ。百科事典『世諺一統』郷土史『伊水温故』教訓書『柴栗草紙』伊賀越敵討物『殺法転輪記』などの著作がある。元禄一六年五月七日死去。七九歳。名は行宣。別号に随世軒。

芭蕉との共通点は古典学者・俳人北村季吟に師事したことにある。「芭蕉と顔見知りかなぁ」と思う。

句会開催時間午後一時前に公民館の句会場に入る。既に一〇人余のご婦人が集まっていた。皆さんに挨拶をして俳誌「山繭」主宰宮田正和先生を待つ。俳誌「山繭」の創刊は昭和五五年一月。発行所は伊賀市中柘植。師系は澤木欣一／細見綾子。「清新であり、真剣でありたい」は創刊のことば。作句の上では、即物具象・風土性の追求を目指す。間もなく、宮田正和先生が句会場に到着。交通渋滞に遭われたとのこと。句会の皆さんに紹介していただく。土産も持たず会費も払わぬ私に皆さんは実に親切にしてくれた。当日の句会録は次の通りである。有季定型のリズム良い俳句に感動した。

山繭上野句会句会録（九月二五日）

去ぬ燕けふ翻りひるがへり　宮田正和
蕉翁の背を追ふ旅や葛の花　大竹多可志
露草や米磨ぐ夕べ丸まりて　森中香代子
水葵近江上布の手に軽き　佐々木経子
塔までは五十二段や秋日傘　西山文子

翻るとき煌めきぬ秋燕　森岡了子
野道ゆく顔見に来たか赤とんぼ　河口良子
皆踊る炭坑節や敬老日　田端昭子
秋澄むや牧の仔牛は駆けまはる　中島邦子
雨後の桜紅葉の香りたつ　竹岡英子
軒低き対のシーサー秋暑し　森永康子
秋暑し夜間工事の人の声　池住律子

暫くして句会でお世話になった佐々木経子さんから「伊賀市上野西部公民館便り」（第一一四号・平成二四年一〇月一五日）が送られてきた。掲載記事を見てみよう。

公民館サークル紹介「山繭上野句会九月」
指導　宮田正和先生

揺籃に双子が眠り虫の夜　大竹多可志

萩ほつほつ遺髪塚まで石畳　森中香代子
良夜かな猫ゆつくりと屋根歩く　池住律子
山にすぐ日の入りやすし蕎麦の花　佐々木経子
誰待つに非ず良夜の門に立つ　森岡了子
野道ゆく顔見に来たか赤とんぼ　河口良子
皆踊る炭坑節や敬老日　田端昭子
秋澄むや牧の仔牛は駆けまはる　中島邦子
鳥威矢田丘陵に雨斜め　西山文子
雨後の桜紅葉の香りたつ　竹岡英子
軒低き対のシーサー秋暑し　森永康子

九月二五日、山繭上野句会に、大竹多可志様が飛入り参加されました。大竹氏は、東京都荒川区にお住まいで「かびれ」を主宰しておられます。総合誌「俳句四季」に、「自転車で行く『野ざらし紀行』逆まわり」を好評連載中です。「団塊世代がんばれ！」の企画ということです。旅途中、山繭伊賀上野句会があることを宮田先生にお聞きになっていらっしゃいました。日焼けした逞しい六四歳の方の飛入り参加で句会がもりあがりました。ありがとうございました。文・佐々木。

皆様のご配慮にまたまた感激してしまいました。楽しい句会でした。ありがとうございました。当日の私の句会出句のメモに次の句が記されていた。

大竹多可志

彼岸花昭和の本を拾ひ読む
暗闇の裏を見て居り秋の冷え
揺籃に双子が眠り虫の夜
蕉翁の背を追ふ旅や葛の花
鉛筆の芯を尖らす獺祭忌
銀河濃しひとりの旅の木のベンチ
秋燕や屋根に石置く奈良井宿

席題「良夜」

故郷に手足を伸ばす良夜かな

句会終了後、今朝のコースを逆に伊賀上野駅から名古屋駅に向かう。本日の走行距離四キロ。名古屋駅前桜通りのビジネスホテルに一九時にチェックイン。本日の行動を終了した。

今回は伊賀上野の芭蕉の縁の場所を歩いていない。調べたら平成二一年九月七日に次のような俳句があったので書き出してみた。

稲の香の強まる日の出伊賀盆地　（伊賀上野）

雁渡し駅前に立つ芭蕉像　（上野市駅前）

秋陰や翁生まれし地に立ちぬ

城壁の眩しき朝の秋気かな　（伊賀上野城）

眼前に俳聖殿や昼の虫　（俳聖殿）

秋の日の旅の芭蕉の姿かな

秋日差す杖を付きたる笠と袈裟
草の実の爆ずる音聞く真昼かな
虫の鳴く真昼の風をよぎる旅
蕉翁のまぼろしを追ふ萩の庭
秋雲を目で追ひパンをまた齧る
萩が身に触るる小径や城の跡
風吹くと秋めく色の伊賀の山
秋澄めり樹木の影の寡黙なる
歴史茫々高石垣に葛の花
風にまた萩が散りたり堀の水
鶏頭の影の揺れたる真昼かな
ふらり来て秋の蛙の水の音
旅疲れ萩の散り込む水を見る
朝の日の身内に絡む残暑かな
秋蟬や心のどこか落ち着かず

（上野公園）

（城址散策）

（芭蕉記念館）

涼新た芭蕉生家を訪ひにけり　（芭蕉生家）
爽やかな釣月軒の土間に入る
蕉翁の面影見たり萩の花
旅に出る別れのやうに秋の蝶
身の影を引きずり歩く残暑かな　（故郷塚）
故郷塚必死に走る蟻の秋
こほろぎが短く鳴きぬ故郷塚
秋風裡翁の髪が地に還る
秋の蚊の声の近づく耳の裏　（蓑虫庵）
杜鵑草香木の香に噎せにけり
紅白の萩の縁どる庵かな
鬼の子の旅を夢見る真昼かな
立身の夢を見て居り秋の雲　（上野天神宮）
すすき野に風の道あり旅日和　（伊賀上野）
旅に出て葛の葉うらを見る哀れ

伊賀上野の町を逍遥した俳句が三六句あった。今思うと「よくもまぁ、駄句を並べたものだ」と思う。

芭蕉句碑は全国に三〇〇〇基を数えるといわれる。伊賀上野にも七〇基建立されている。芭蕉が故郷で詠った句を挙げてみる。

さまざまの事おもひ出す桜かな　　芭蕉

みのむしのねを聞にこよくさの庵

家はみな杖に白髪の墓参

芭蕉は母親の墓参を目的とした『野ざらし紀行』の旅で伊賀上野のことを次のように記述している。

長月の初、古郷に帰りて、北堂の萱草も霜枯果て、今は跡だになし。何事も昔に替りて、はらからの鬢白く眉皺寄て、只「命有て」とのみ云て言

葉はなきに、このかみの守袋をほどきて、「母の白髪をがめよ、浦島の子が玉手箱、汝がまゆもや〻老たり」と、しばらくなきて、

手にとらば消んなみだぞあつき秋の霜

芭蕉の故郷への思いに触れている内に、自分の故郷への思いも重なりしんみりしてしまった。〈**故郷への思ひしみじみ虫の夜**〉明日は名古屋から伊勢神宮に向かう。おやすみ。

九月二六日（水曜日）晴。旅人（老人）の朝は早い。今日は自転車で伊勢市まで行く。六〇キロを走る。早朝、四時から起き出し訳の解らぬこと言い出している。分かり易く解説すると、昨日は輪行で名古屋から伊賀上野まで行き、山繭上野句会に参加させていただいたが、今回の旅の予定を次のように考えている。芭蕉が母親の墓参を目的としたこの旅で、なぜか、伊賀上野に直接向かわず伊勢に行っているので、私も伊勢に向かうことにした。本日（九月二六日）、名古屋→熱田神宮→鈴鹿までの約六〇キロを走行予定。翌日（九月二七日）、鈴鹿→伊勢市ま

で約五〇キロを走行予定。大阪市の蒲田神社の神職、土井悠紀子さんと伊勢市で待ち合せ、伊勢神宮を案内していただくことになっている。翌々日（九月二八日）、俳誌「かびれ」編集のチーフ、柴田美枝子さんと合流して、土井悠紀子さんの案内で伊勢神宮内宮の御垣内参拝をさせていただくことになっている。

名古屋駅に近いビジネスホテルを出発する。午前八時一五分。説明をしているうちに少し出遅れた。得意の「まぁ、いいか」である。他人から見れば、この旅はさして重要なことも無く、急ぐ必要もない。しいて言えば、弥次さん、喜多さん的ないい加減な旅なのである。〈**閑人の酔狂の旅秋日和**〉今回の旅は天候にだけは恵まれている……と言うより出発のぎりぎりまで天気予報を検討して出発している。だから天候に恵まれているのだ。言うなら五年前のような「何が何でも行くのだ」というような我武者羅さも若さも疾うに失せてしまっているのだ。今は「いかに疲れず、安全に」を念頭に行動しているのだ。ようは「年を取った」ということのようだ。〈**雁渡し眉根が白く光りたる**〉そういえば眉どころか鼻毛まで白毛だ。「あぁ、嫌だ」。芭蕉の俳句に〈**此秋は何で年よる雲に鳥**〉がある。芭蕉も老いを実感していたのだ。さぁ、急がないと、今日中に鈴鹿まで行けない。

まずは熱田神宮に向かう。名古屋市の道路には自転車の専用通路が多い。東京とはだいぶ感じが違う。それだけ自転車が多いということだ。**〈自転車と人との区分冷やかな〉**自転車を漕ぐ。ペダルを踏む。漕ぐ、踏む、漕ぐ、踏む。木曽山中に比べれば道は平らだ。さほどの坂はない。「人生、下り坂は最高！　上り坂は最悪！　平らな道は幸せ！」である。九時一五分、大きな杜が見えてきた。たぶん、あの杜が熱田神宮だろう。名古屋から約八キロ、所要時間一時間。熱田神宮の境内を散策する。**〈神南備の風に吹かるる涼新た〉**熱田神宮は次回、もう一度立ち寄ることになっているので、その時詳しく書きたいと思っている。鈴鹿まで約六〇キロの自転車走行、その後、伊勢市まで約二時間の輪行をしなければならないので、先を急ぐことにする。

名古屋から熱田神宮までの国道一九号線（中山道）は問題無かったが、ここから国道二三号線（名四国道）に入るまでの道にまず迷う。この国道二三号線、高架部分になると、「人と自転車の通行禁止」の標識が立っている場所が数箇所あった。ようは道幅が狭いのだ。その度に迂回路を探すことになる。そして交通量がやたら多い。大きな川（堀川・日光川・木曽川・揖斐川）があると橋がある。

そうすると渋滞する。「危ない、危険が増える」のだ。ある所で、白バイの警察官に「歩道を走るように」と言われたが、ガードレールが在って歩道に入れない。とにかくこの道、四日市を通過するまで冷や冷やものだった。五七五調で言えば**〈身の内の秋暑の汗の凍りたる〉**となる。これは俳句ではない。その時の気持ちのメモである。説明をしなければ分からないようでは俳句作品とはいえない。かと言って物事の説明、報告が俳句であるはずがない。自然の一部である人間が自分以外の自然と触れ合った時の心の変化を詠い留めるのが、私たち「かびれ」の目指す「季感詩俳句」なのだ。

この辺は国道一号線（東海道）が並行に走っている。その東海道を逆に走れば、五〇〇キロ先に東京がある。そんなことを思いながら走っている。**〈秋燕を探す視線の歪みたる〉**あぁ、辛い！　でも「団塊世代がんばるぞ！」本日、芭蕉の縁の場所はないが、私には立ち寄りたい場所が一つある。元「電電公社鈴鹿電気通信学園」跡地である。思い出せば昭和四六年、私は二三歳、今から四一年前の話である。私はそこで九カ月の長期研修を受けていた。いわばそこは私の青春の原風景と言える場所なのである。そんなことを思って走っていたら突然、足が攣ってしまった。「痛い！　痛い！」でも、あの富士見峠、塩尻峠の足の筋肉の硬直に比べれば楽なものである。遠くにぼんやりと鈴鹿の町並みが見えている。暫時、休憩。また走り出す。六四歳、多少のことでは「へこたれない」のだ。「団塊世代は打たれ強いのだ」といつも自分に言い聞かせている。「我慢、我慢、我慢なのだ」。**〈夕風や視線が蜻蛉追ってゐる〉**

午後四時、来てみたかった場所に立っている。当時、学園の周囲は田圃だった。今は住宅が建ち並んでいる。学園生を客としていた近くの十数軒の飲み屋も消えていた。一軒だけ「ホームラン」という看板を見つけた。でも店は閉まっていた。正門前に立つ。ＮＴＴはこの学園の跡地を既に売却している。工事の音が聞こえた。医療関係の大学、防災センター、ショッピングセンターになるらしい。若いガードマンが「ひと月に一人は必ず訪ねて来る人がいる」と言っていた。多くの人にとってここは青春の地なのである。戦前戦中、ここには海軍の四日市航空隊があった。私が来た当時、まだ司令官棟、飛行機の格納庫、木造の兵舎、一〇メートルの飛込台のあるプールが残っていた。正門の脇に「碧空」という海軍航空隊の碑もあった。もう、来ることもないだろう。「さようなら」。**〈秋風裡こころ**

の帰るところ無し〉

午後四時半、近鉄白子駅に到着。名古屋から六八キロ走った。「まぁ、お主、良く走ったの！」である。ここから伊勢市駅まで近鉄で移動する。距離五三キロ、所要時間一時間二〇分である。車窓をぼんやり眺めていたら、やたら曼殊沙華が目立つ、満開状態である。関東ではまだ咲いていなかった。〈**こととことと車窓に揺るる曼殊沙華**〉〈**火の色の思ひ消えたり秋夕焼**〉忘れていた。メールが一つ入っていた。長男、正紀からである。「九時二六分、男児誕生、母子ともに無事」写真もあった。何よりである。一つのものが滅び、一つの生命が誕生する。これも無常であろう。四日後の九月二九日、私は初孫「瑛太」君に対面。その時、私は〈**爽やかや嬰が大きな声で泣く**〉と詠った。俳句は一四歳から始め五〇年が経つ。今まで「得した」とか「良かった」と思ったことは殆どなかったが、この時、俳句をやっていて「つくづく良かった」と思った。それは自分の言葉で、記録に遺せたからだ。可愛さが先に立つ孫の俳句は「碌なものは無い」と酷評されるが、私も「爺馬鹿」が始まったらしい。「おめでとう」。

午後六時過ぎ、伊勢市駅に到着。夜道の不案内な場所の自転車走行は危険が伴うのでタクシーに乗る。ホテルキャッスルイン伊勢にチェックイン。フロントで「お一人ですか？」と訊かれた。ここのホテルの予約は、土井悠紀子さんにしていただいていたが、日程変更等が上手く伝わっていなかったらしい。「まぁ」無事にチェックイン。夕食はホテルに隣接した食堂、「名物の餃子」があるという。ビールでひとりニコニコ乾杯！　そして気分良く寝る。皆さん「おやすみなさい」熟睡。〈**神宮の夜空に澄める虫の声**〉

九月二七日（木曜日）晴。〈**神鶏の鳴く黎明の秋気かな**〉朝より気分良し。朝八時チェックアウト。タクシーで伊勢市駅に向かう。この旅にしてはすごく贅沢。昨日の近鉄白子駅に向かう。東京と違い車内の雰囲気もゆっくりしている。白子駅を一〇時一五分、出発。伊勢市駅に向かう。

走行中さしたることはなかった。メモを拾い読むと〈**秋日濃し鷺の真横を雑魚避くる**〉の句があった。川の名は分からない。浅い川の所々に鷺が立っていた。その直ぐ傍を二〇〇匹から三〇〇匹ぐらいの雑魚の大群が泳いで来る。私は橋の上から見ていた。その雑魚の大群は鷺の足元で向きを変えるのである。あたかもそれは全軍を指揮する者がいるかのような見事さである。戦闘機の編隊飛行のようでもあった。〈**秋晴や魚群の知恵を見てゐたる**〉

近鉄の津駅の近くに津城がある。その歩道に芭蕉像があった。あまり大きくはない。その説明板に次のような記述があった。

津の芭蕉像

松尾芭蕉翁「松尾芭蕉は正保元年（一六四四）伊賀上野の赤坂で松尾家の次男として生まれました。子供のころから俳諧を志す彼は三五歳の頃、江戸で俳諧の宗匠となり、門人たちから芭蕉庵をおくられ、名を芭蕉と号しました。彼は各地を旅し、元禄二年（一六八九）一五〇日に及ぶ旅で、全国に『奥の細道』を残したあと、伊勢に向かいます。大垣・桑名を経て津に立ち寄り、岩田川畔から阿漕浦を望み〈**月の夜の何を阿古木になく千鳥**〉と詠まれたといわれています。」

『おくのほそ道』の「旅の物うさもいまだやまざるに、長月六日になれば、伊勢の迁宮をがまんと、又舟にのりて、**蛤のふたみにわかれ行秋ぞ**」を思い出した。芭蕉は大垣を出て津から船に乗ったのだ。芭蕉も楽をしている。「いいなぁ」と思う。私はずっと自転車を漕いでいる。〈**千キロを漕ぐ自転車の九月かな**〉

途中、コンビニがあった。アイスクリームを買った。エネルギーの補給にはよさそうだ。店の前で食べていたら、掃除をしていたおばさんが話し掛けてきた。「どこから来たの」「東京」。「どこへ行くの」「伊勢神宮」。「どうして」「芭蕉が行ったから」。おばさんが店に入る。おじさんが店から出てくる。「暑いのにたいへんだなぁ」「まだ、今日はいいほうだよ」。暫時、何を話したかよく覚えていないが会話が続いた。「気をつけてな」「ありがとう」。〈**秋めくや決まり文句のさようなら**〉自転車を漕ぐ。ペダルを踏む。漕ぐ。踏む。疲れた！

国道二三号線は名四国道、伊勢街道そして南勢バイパスに名前が変わっていた。伊勢市駅への道を訊いた。宮川の橋を渡ったら、〇〇の店を右に曲がれ。〇〇の店をもう通り過ぎてしまったのか、あとどのくらい距離があるのか分からないので、メガネの量販店のドアを開けて訊いた。「〇〇の店はこの先ですか」。若い女子店員、考えているようだが声が出てこない。年輩の男の店員、接客中だったが「このまま信号、二つ目だ」「ありがとう」。無事、ホテルキャッスルイン伊勢に到着。時間三時一五分、所要時間五時間。五八キロ走った。時速一二キロ、まずまずである。〈**無事にまぁ到着と言ふ鴫日和**〉息が弾んで句にならない。

ホテルにチェックイン後、土井悠紀子さんに電話を入れる。電話に出ない。運転中のはずだ。「でんわ、デンワ？」折り返し電話があった。間もなく、毎日神様の近くにいる、大阪の蒲田神社の神職、土井悠紀子さん登場。俄然、話が忙しくなる。関西人は関東人よりかなり話が忙しい。着いた途端に「西行谷に行く」という。私「うそー」車はもう走り出していた。

『野ざらし紀行』に次の記述がある。「西行谷の麓に流あり。をんなどもの芋あらふを見るに、**芋洗ふ女西行ならば歌よまむ**」。西行谷は平安時代末期の歌人西行が住んだ伝説のある場所で、五十鈴公園野球場の道路脇に看板が立っているはずだ。だが、その看板がなかなか見つからなかったが、やっと見つけることが出来た。その看板には次のような記述がある。

西行谷神照寺跡
　伊勢市宇治館町字岩井田山
この谷の奥には、平安時代末期の歌人で有名な西行法師（一一一八～九〇）が一時住んだといわれる所があります。ここは、西行が二見の安養寺（度会郡二見町溝口・平成四年の発掘調査で平安時代～鎌倉時代にかけての建物跡・各種の土器・その他多くの木製品が出土）に住んだのち、この西行谷に移ったと伝えられている場所です。西行が住んだ庵はどこかはっきりしませんが、谷に接して庵が営まれたような平坦地やその奥には小さな滝が落ちており、その雰囲気がしのばれます。

平成五年三月　伊勢市教育委員会

看板の近くに「西行谷野草園」があった。二人で他愛無く感激。〈**神の地の西行谷の紅葉かな**〉

西行は次のような歌を遺している。

西行谷（イメージ）

何ごとのおはしますかは知らねども
かたじけなさに涙こぼるる
深く入りて神路の奥を尋ぬれば
また上もなき峰の松風

芭蕉は〈**何の木の花とはしらず匂哉**〉と詠んでいる。

ホテルキャッスルイン伊勢に戻る。夕食に名物の開いた大海老のフライを食す。これは極めて美味。昨日今日、だいぶ運動量が多かったのでビールの吸い込みが極めて良好。食事は一人より二人の方が楽しいに決まっている。〈**大海老のフライを食ふや秋の宿**〉ご馳走様。土井さんが「明日、朝五時に開店する赤福本店に連れて行ってあげる」という。これ、ホント？　もう寝る。お休みなさい。〈**赤福の夢見て眠る虫の秋**〉うなされた。

九月二八日（土曜日）晴。朝五時、日の出前である。ホテルの玄関前にいる。

宇治橋

〈秋暁のほの紅の風まとひたる〉車で移動。伊勢神宮内宮近くの駐車場もガラガラである。世間はまだ目覚めていない。早朝の伊勢神宮内宮に詣でる。伊勢神宮の大きく立派な説明板を見る。

「皇大神宮（内宮）　御祭神　天照大御神　御鎮座　垂仁天皇二六年　天照大御神は皇室の御祖神であり　歴代天皇が厚くご崇敬になられています　また私たちの総氏神でもあります　約二千年前の崇神天皇の御代に皇居をお出になり　各地をめぐられたのち　この五十鈴川のほとりにお鎮まりになりました　二〇年ごとに神殿をお建て替えする式年遷宮は千三百年余り続けられてきました　第六二回神宮式年遷宮は平成二五年に行われる予定です」

なるほど、来年が遷宮の年であることが分かった。それで工事をしている場所が多いのが理解できた。**〈内宮の成り立ちを知る秋気かな〉**同行の土井さんに二〇年ごとに遷宮を行っているのは伝統を継承して、それを絶やさないために「一番良い期間だ」と聞いた。なるほどと、うなずく。

鳥居・宇治橋・五十鈴川・鯉・神鶏など、早朝の杜は気持ちの良いものだ。

秋の朝鳥居をくぐる影が澄む
爽秋や手水の柄杓持ち替へる
秋澄むや鯉ゆうゆうと五十鈴川
神鶏の鳴き寄る二羽の爽気かな
拍手を大きく打つや秋の空

ここは伊勢神宮である。参拝の作法を神職の土井さんに教えて貰った。教えて貰ったあと、一番適当にやっていたのが次の「手水の作法」であることを認識させられた。

1．手水の作法
神社の鳥居をくぐったら、参拝する前に手水舎で身を清める。

伊勢神宮

①柄杓を右手で取り、まず左手を濯ぐ。
②柄杓を左手に持ち換えて、次に右手を濯ぐ。
③柄杓を右手に持ち換えて、左掌に水を注ぎ、その水で口を濯ぐ。そしてもう一度左手を濯ぐ。

柄杓の水を直接は飲まないのだ。私、飲んでいた。次の拝礼の「二拝二拍手一拝」は、大方の人は知っていると思うが……。

2．拝礼の作法

神前に進んだら姿勢を正し、二拝二拍手一拝の作法でお参りする。
①まず二回、深く頭を下げる。（その深さは腰を九〇度に曲げる程度が美しい）。
②二拝したあと、胸の前で両手を合わせ、右手を少し下にずらして二回手を打つ。二拍手のあと、両手の指先を揃えて、祈りをこめる。
③最後にもう一回深く頭を下げる。

次の「玉串の捧げ方」は、私などは前の方の作法に倣って行っている。その方が間違えるととんでもないことになる。よく案の上の玉串が逆さまになっているのを見かける。ご注意。

3．玉串の捧げ方

①神職から渡される玉串の根元を右手で上から持ち、中央に左手を下からそえる。

②玉串を胸の高さに捧げ持ち、案と呼ばれる机の前に進み一礼する。

③玉串を時計回りに九十度回し、縦に持つ。

④左手を下げ両手で玉串の根元を持ち祈りをこめる。

⑤さらに玉串を時計回りに回して、根元を神前の方へ向ける。

⑥玉串をそのまま、案の上に供える。

※この後、二拝二拍手一拝の作法でお参りをする。

祈りを込めるのだ。「どうやって？」これ難しそうだ。

次に、私が困ったことは若い方は特に困っていると思うので、参拝のミニ知識を記しておく。

4．正式参拝とは

神社の御殿に上って参拝することを正式参拝（昇殿参拝）という。正式参拝では、神職のお祓いを受けたあと、玉串（榊などの常緑樹の枝に紙垂や麻をつけたもの）を捧げて、二拝二拍手一拝の作法でお参りをする。お宮参りや七五三などのご祈禱のときも、玉串を捧げて二拝二拍手一拝の作法でお参りする。

5．玉串料・初穂料

正式参拝や御祈禱をする場合に神社へ持って行くそのお包みには「玉串料」や「初穂料」と表書きをする。玉串料は神前にお供えする玉串にちなんだもので、初穂料とはその年に収穫した稲（初穂）を神前にお供えしたことに由来する。

以上、参拝の作法・参拝のミニ知識をお役立て下さい。**〈参拝の作法に迷ふ雁渡し〉**

赤福本店は朝五時から営業をしている。「知っていましたか？」「知らなかった」。今、朝六時、さすがにお客は疎ら。店の奥、五十鈴川の見える一番良い場所で、赤福をいただく。最高の贅沢かもしれない。〈**秋涼の風も流るる五十鈴川**〉〈**赤福の舌の甘味の爽やかな**〉赤福には焙じ茶が良く合う。〈**焙じ茶の香り楽しむ九月かな**〉素晴しいと思ったのは店内で赤福を作っている人の手さばきの見事さである。赤福の一個の重さは殆ど変わらないという。〈**爽やかや熟練と言ふ指の先**〉店を出て、おはらい町通り・おかげ横丁を歩く。人通りはまだない。昼間の喧騒を思うと不思議な静けさである。〈**喧騒の前の静けさ秋日差す**〉

ホテルに戻り朝食。出発の準備をする。今日、合流する予定の柴田美枝子さんはもう横浜を出ているだろう……と思ったら、柴田さんから電話「新幹線の信号ケーブルが鼠に齧られた」とのことで、「新幹線は二時間の遅延を出している」という。東日本大震災以来、「いつ、どこで、何が起こるか分からない」とつくづく思うようになった。〈**突然の電話連絡そぞろ寒**〉

とりあえず、伊勢神宮外宮に向かう。ここの杜も緑が豊かであった。説明板を見る。

「豊受大神宮（外宮）　御祭神　豊受大御神

御鎮座　雄略天皇二十二年　豊受大御神はお米をはじめ衣食住の恵みをお与え

くださる産業の守護神です　今から約千五百年前に丹波国（現在の京都府北部）から天照大御神のお食事をつかさどる御饌都神としてお迎え申し上げました　御垣内の御饌殿では、毎日朝夕の二度、天照大御神に神饌をたてまつるお祭りがご鎮座以来一日も絶えることなく行われています　御遷宮は内宮と同じく二十年に一度行われ第六十二回式年遷宮は平成二十五年に斎行されます」

このような説明板をゆっくりと読んだことは今までなかった。ただ説明板は内宮の方が大きく立派だったように思えた。まず外宮で御垣内参拝をする。〈**内宮も外宮も拝し小鳥くる**〉

宇治山田駅で、新幹線故障で到着の遅れていた柴田美枝子さんを出迎え、再び内宮に向かう。時刻は昼過ぎである。平日であるが大勢の観光客・参拝の人で賑やかである。五十鈴川の宇治橋、大鳥居、御手洗場でも、大阪の蒲田神社の神職でもある、土井悠紀子さんに倣って丁寧に拝礼する。〈**ふかぶかと頭を下げて秋の空**〉

いよいよ今回の旅の目的の一つである、伊勢神宮内宮の御垣内参拝である。このために私は先に土井さんに宅配便で送っていた背広に、ジーパン・ジャンパーから着替えていた。〈**秋空や身の芯とほる神の庭**〉このような体験は初めてであったので、心静かにとはいかず、少し心がそわそわしていた。『お主、まだまだ修養が足らんの』と誰かに言われそう。〈**秋日濃しどこやら心落ち着かぬ**〉ここでも土井さんに倣って、「二拝二拍手一拝」をした。〈**秋青空二拝二拍手一拝を**〉垣内の御白石ばかりが眩しく見えた。〈**目に沁みて秋日を弾く御白石**〉無事参拝を終る。〈**爽籟や神を身近に思ひたる**〉〈**爽籟や神に近付き一歩退く**〉自分でも畏れ多いことを詠ってしまった気がする。

土井さんにそっと「玉串料はいかほど」と訊いたら「ヒャクマンエン」と言われたので、その後この事には触れないことにした。〈**だんまりを決め込むことにそぞろ寒**〉

次に内宮神楽殿で御神楽を奉納するという。これまた初体験である。説明板に「神宮の御神楽（ご祈禱）神饌をお供えして祝詞を奏し、皆様のお願いごとを大御神のお取次ぎするのが『御饌』です　これに雅楽を奏し、舞楽を加えてご神慮をお慰めし、丁重にご祈禱をおこなうのが『御神楽』です　大御神の広大無辺な御神徳を仰ぎ、明るく清々しい日々を過ごしましょう」とあった。なるほどと、うなずく。〈**土器に御神酒を注ぐ爽気かな**〉百畳を越す大広間で御神楽を待つ。

〈身の芯が爽やかになる祝詞かな〉　笏拍子・篳篥・神楽笛・和琴・小鼓の奏でる雅楽の音に聞き入る。**〈秋気澄む雅楽に耳も澄みにけり〉**八人の巫女の舞う、神宮舞楽「倭舞」も良かった。緋の長袴に白い千草を着け、紅梅をさした天冠をいただき、右手に五色絹を飾った榊をもち、「みやびとの　させる榊を　われさして　よろずよまでに　かなで遊ばん」と歌い舞う姿は、最高！「もう、グゥー」である。**〈秋気満つ巫女の揺らめく緋の袴〉**

内宮参拝後。おはらい町で遅い昼食に、てこね寿しを食べた。伊勢うどんも食

荒木田守武句碑
「元日や神代のことも思はるる」

べたかった が……それは無理。一度、寄ってみたかった、山口誓子俳句館も訪ねることが出来た。「俳祖守武翁遺跡」の碑の前で記念写真を撮った。赤福本店に戻り、五十鈴川の見える店の奥で、また赤福を食べた。〈**赤福を日に二ど食べて秋うらら**〉もう、満腹。私は糖尿病予備軍だった。「しんぱいだ」。〈**家苞に赤福を買ふ秋の午後**〉

最後に神宮会館の裏手にあるバラ園で、俳祖荒木田守武の句碑〈**元日や神代のことも思はるる**〉を見ることも出来た。思えば充実した一日だった。今、伊勢を案内していただいた大阪の蒲田神社の神職、土井悠紀子さんと別れ、柴田美枝子さんと二人、東京へ向かいながら、『野ざらし紀行』の伊勢神宮の部分を読み返している。

松葉屋風瀑が伊勢に有けるを尋音信て、十日計足をとゞむ。腰間に寸鉄をおびず、襟に一嚢をかけて、手に十八の珠を携ふ。僧に似て塵有、俗にゝて髮なし。我僧にあらずといへども、浮屠の属にたぐへて、神前に入事をゆるさず。暮て外宮に詣侍りけるに、一ノ華表の陰ほのくらく、御燈処ゝ

に見えて、「また上もなき峯の松風」身にしむ計、ふかき心を起して、

みそか月なし千とせの杉を抱あらし

西行谷の麓に流あり。をんなどもの芋あらふを見るに、

芋洗ふ女西行ならば歌よまむ

其日のかへさ、ある茶店に立寄けるに、てふと云けるをんな、「あが名に発句せよ」と云て、白ききぬ出しけるに、書付侍る。

蘭の香やてふの翅にたき物す

閑人の茅舎をとひて

蔦植て竹四五本のあらし哉

芭蕉は内宮に直接、参拝できなかった。「三〇〇年以上も経って芭蕉に代わって私たちが内宮をまるで代参したみたいだね」と二人で笑い合った。〈**西行と芭蕉を思ふ秋夕焼**〉〈**秋風裡生々流転の吾が影も**〉夜九時過ぎ、無事帰宅。私「ただいま」妻「おかえり」ただそれだけのことである。〈**日常に戻るそれだけ秋の夜**〉私「お主、いつも、素っ気ないの」とぶちぶち。妻、無言。

今回の旅に同行してくれた二人は伊勢を次のように詠っている。

水底に秋日綾なす五十鈴川　　柴田美枝子
拝礼の二礼二拍手秋澄めり
澄む水を分けくる鯉の金色に
神楽笛ひとときは澄める九月かな
守武の句碑に師と立ち秋日濃し
草の花西行谷を師と探す　　土井悠紀子
萩の実をつけて帰るや伊勢の宿
秋澄むや手を清めたる五十鈴川
秋日澄む師と参進の御垣内
秋薔薇文字の薄るる俳祖の碑

今回の走行距離は一三〇キロ、行程三泊四日。累計五一七キロ、八泊一五日。
次回は一〇月末に熱田神宮の近くの俳誌「耕」の句会に参加させていただく事に

なっている。武並↓名古屋↓熱田↓岡崎まで鉄道営業距離で一〇三キロを走る予定。「いよいよ、山の中から街に出た。中山道から東海道を走る。がんばるぞ！」

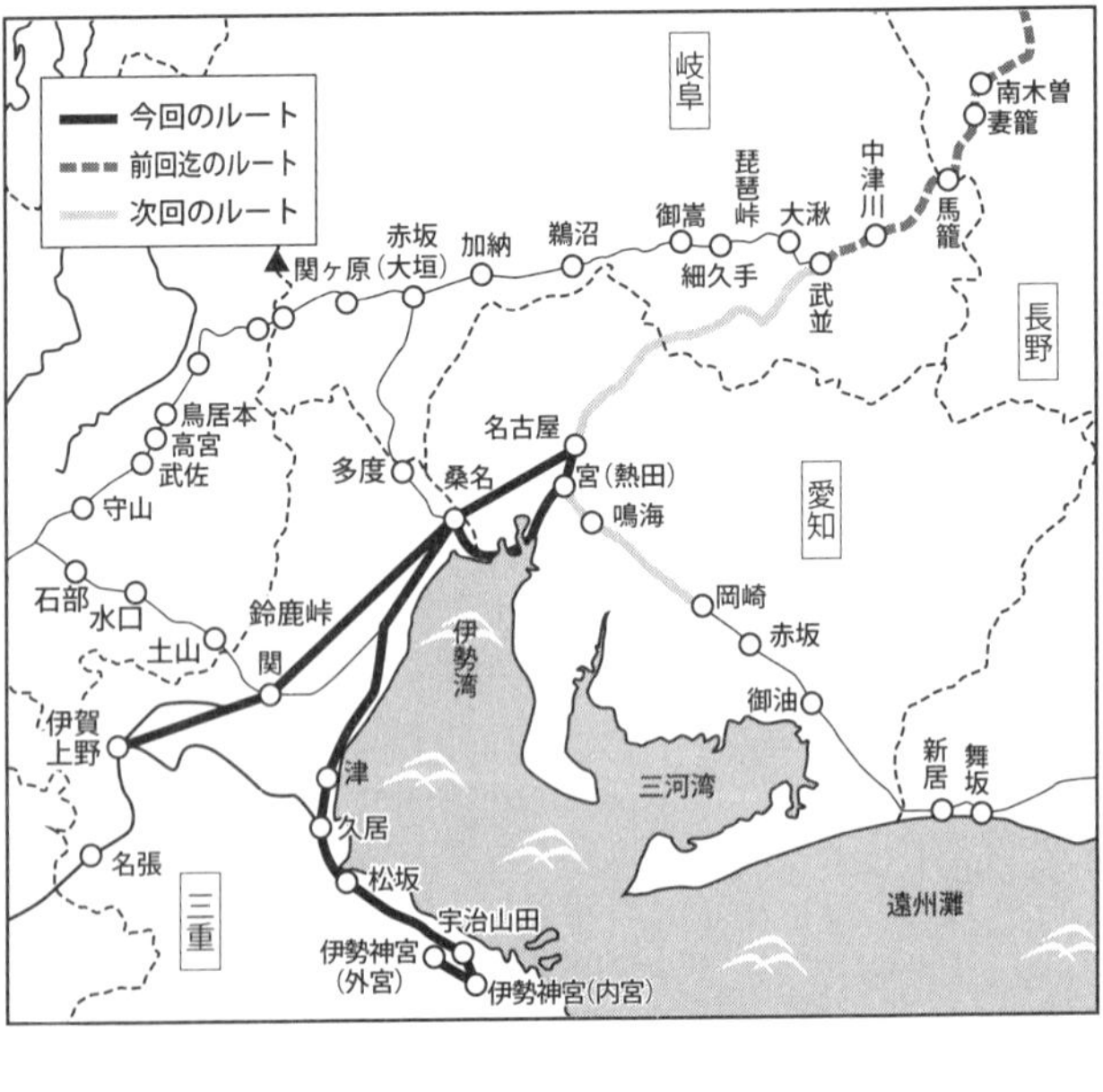

第８次　名古屋から岡崎へ

平成二四年一〇月三〇日（火曜日）晴。第６次「奈良井宿から名古屋へ」。第７次「名古屋から伊勢神宮へ」。そして今回の第８次が「名古屋から岡崎へ」でなぜか、名古屋を離れられないでいる。しかも第６次では、連日の木曽谷の自転車走行の旅の疲れと厳しい残暑に阻まれ、中央本線の中津川駅から武並駅の二一キロを走ったところで戦意を喪失、旗を巻いて、中央本線名古屋駅経由で新幹線に乗り東京へ戻ってしまった。**〈敗残の兵の思ひも秋の雲〉**つまり武並駅から名古屋駅までの約六〇キロの空白が出来てしまったのだ。**〈八月の旅の空白おもふ秋〉**『野ざらし紀行』には何の記述もないし、何の変哲もない木曽の山道である。「止めた！」でもよかった。「モウヤメタソレモマタヨシアキノカゼ」これは溜息のメモである。しかし、そうもいかないのだ。私には「自転車で行く『奥の細道』

逆まわり」四〇泊七一日、一八〇〇〇キロ走破の自負もあるのだ。〈**まだ過去に縛られてをり秋日濃し**〉ここで負けたら、団塊世代の名折れになってしまう。〈**人の世に光と影の秋思かな**〉サブタイトル「団塊世代がんばれ！」を受けて「団塊世代がんばるぞ！」ということに落ち着いた訳だ。〈**団塊の思ひ曳きずり芒原**〉「休んでもよい、諦めなければ、道は繋がるのだ」ぐだぐだと未練がましい愚痴を零してしまった。「出発するぞ」と気合を入れ直す。〈**あこがれの空の青さを鳥渡る**〉前書きが長くなり過ぎた。という訳で、今回は挫折状態にあった「武並↓名古屋」の六〇キロに再トライすることにした。〈**リベンジに意地を織り交ぜ竈馬**〉「やってやる！」私の人間的精神構造は意外と単純にして明解なのだ。一句、浮かんだ。〈**人間と風を見てゐる疣毟り**〉ダメだ。単純すぎる。〈**考える葦にも成れず疣毟り**〉こっちの方が良いか？　でもどこかで聞いたことのあるフレーズになってしまった。考える葦（人間は葦にたとえられるような弱いものであるが、考えるという特性をもっている）について考える。〈**葦以下と思ふ旅愁の秋夕べ**〉俳句はある意味で哲学となる可能性を持っている。しかし俳人はその哲学を読み手に見せず感じさせず俳句を詠うべきである。丁度、私の俳句のようだ？〈**哲人に成れぬ

俳人秋野行く〉いつの間にか前書きの続きに戻ってしまった。

今回の旅の予定を次に示す。一日目は自宅→名古屋駅→武並駅→自転車走行（約六〇キロ）名古屋駅。二日目は名古屋駅→蕉風発祥の地→熱田神宮→桶狭間→岡崎駅（輪行）→名古屋駅。三日目は名古屋駅→加藤耕子先生の主宰誌「耕」の句会に参加→周辺吟行→名古屋駅→自宅の予定で行動をする。〈**蜻蛉追ふいつもタイトなスケジュール**〉

自宅を朝五時五〇分に出る。ＪＲ尾久→上野→東京→名古屋→武並に九時三〇分に到着。ここは岐阜県である。新幹線を使うと鉄道営業距離四三七キロを約三時間三〇分で移動することが可能となる。私の自転車なら五〇キロが一日の平均的な移動距離なので、九日はかかる。文明とは素晴しいを通り越して恐ろしい気さえしてくる。〈**人間の知恵は恐ろし木の葉雨**〉ここはもう晩秋である。五年前の「奥の細道」の旅の時は高齢者予備軍の六〇歳であったが、今は間違いなく高齢者といわれる六五歳になろうとしている。目的地まで移動手段も高速夜行バスから特急もしくは新幹線の指定席に替わっている。疲労防止と体力の温存のためであり、つまり疲労からくる注意力散漫による事故を避けるためである。〈**気**

の儘の旅もいつまで黄落期〉あれから五年を心身ともに実感している。**〈木の葉散るあれから五年の無常かな〉**

駅前に熟年を少し過ぎた一組のご夫婦がいた。「旧中山道を歩く」「一年半振りの再開」という。二人は私に「がんばって」と言ってタクシーに乗った。映画のワンシーンのようだった。もう会うこともないだろう。**〈その後の静けさ秋の駅に立つ〉**一〇時、私も駅を離れる。ペダルを踏むたびに秋の深まりを感じる。**〈ペダル踏む一歩に秋が濃くなりぬ〉**前々回の八月二九日の時、武並駅の手前まで人家が殆ど無かったが、今回、駅を境に人家が急激に増えて行くのを感じた。午後一時一五分、武並駅から三六キロ、三時間一五分後、岐阜県と愛知県の県境を越える。気温一五度である。東京とは別世界である。**〈爽やかや此処も確かに日本国〉**多少の上り下りは無論あるが名古屋市街に向け道はだんだん楽になって来た。陶磁器生産の盛んな土岐・多治見を通り、名古屋駅近くのビジネスホテルに無事到着(途中さほど面白い所も無いので記述省略)。**〈さほどには有らぬ道のり秋景色〉**前回の旅の「また葡萄パンを齧る」を読んだ俳句仲間が「せめて地方のB級グルメぐらい食え」というので、フロントで聞いた、味噌煮込みうどんの名店「山本屋本店」で名古屋コーチン味噌煮込みうどん（お値打ちコーチン）一九四二円を食べる。鶏肉は好きではないのに、つい見栄を張ってしまった。〈**秋の夜の人恋しさに飲みに出る**〉おやすみ。武並駅から山沿いの中山道で詠んだ句のメモがあった。

芒散る山間の道せまりくる
旅の身に纏ひ付きたる牛膝
里山に鵯また鳴く秋の午後
銀色の秋の野の風旅疲れ
秋草を踏み来し愁ひ足の裏

一〇月三一日（水曜日）晴。午前八時五分、ビジネスホテルを出発。八時に出るつもりが自転車の組み立てに手間取り五分おくれた。A型はつまらないことに拘りを持つ。〈**計画のずれを気にしてそぞろ寒**〉今日の夕方にはここに戻る予定。〈**そぞろ寒飲み屋通りに朝の月**〉どうも朝のうちは俳句のエンジンの回りが悪い。

まず「蕉風発祥之地」の碑・「名古屋三俳人の句碑」のある久屋大通り（セントラルパーク）のテレビ塔の下を目指す。二キロを約二〇分で走り、八時二五分に到着。発祥碑は俳諧師の持つ「控え帳」（俳句手帳）をデザインしたもの。芭蕉の〈**木枯しの身は竹斎に似たる哉**〉を筆頭にした「冬の日」巻頭の表六句が刻まれている。参考に碑文を書いておく。

碑文①

蕉風発祥之地

笠は長途の雨にほころび紙衣はとまりとまりのあらしにもめたり侘つくしたるわび人我さへあはれにおぼえけるむかし狂歌の才士此國にたどりし事を不圖おもひ出で申侍る

狂句　木枯しの身は竹斎に似たる哉　芭蕉

たそやとばしる笠の山茶花　野水

有明の主水に酒屋つくらせて　荷兮

蕉風発祥之地

かしらの露をふるふあかむま　重五
朝鮮のほそりすゝきのにほひなき　杜國
日のちりぢりに野に米を刈る　正平

碑文②（副碑）

蕉風発祥之地

芭蕉は野ざらし紀行の途上　貞享元年（一六八四）の冬　名古屋に立ち寄り土地の青年俳人を連衆として「冬の日」の巻を興行した

この巻こそ遊びの俳諧より脱皮した芭蕉が初めて芸術としての俳諧を樹立した記念塔なのである　その場所を「宮町通久屋町西へ入ル南側傘屋久兵衛借宅」と「家並増減帳」は指摘している　現状に当てはめて見ると　このあたり（テレビ塔東北の脚の前面）と推測される

今ここに文学碑「蕉風発祥之地」を建立し　碑面に巻頭歌仙木枯の巻の表六句を刻する所以は俳文学史上無二の俳蹟を顕彰すると共に　郷土先人の業績を永遠に伝えんが為に外ならない（以下省略）

碑文③（説明版）

　蕉風発祥之地

　この地は貞享元年（一六八四）の冬、芭蕉が「野ざらし紀行」の旅の途中名古屋に立ち寄り、岡田野水・山本荷兮・坪井杜国・加藤重五ら土地の青年俳人らと、七部集の第一集『冬の日』の歌仙を興行したところである。

　この『冬の日』こそ芭蕉がことばの遊戯でしかなかった俳諧を、初めて芸術の領域まで向上させたといわれた句集で、この歌仙を興行した場所を「蕉風発祥の地」とよんでいる。

　その場所は「宮町筋久屋町西入　南側」、現在のテレビ塔東北の脚のあたりと推定されている。（以下省略）

　すぐ近くに「名古屋三俳人句碑」があり、次の句が刻まれている。

「名古屋三俳人句碑」

くさめして見失うたる雲雀哉　也有

椎の実の板屋根を走る夜寒かな　暁台

たうたうと滝の落ち込む茂りかな　士朗

「説明板」

横井也有《やゆう》（一七〇二～一七八三）尾張藩重臣。多趣味で特に俳諧を好み若い時から書き集めた俳文『うづら衣』が江戸で出版されてから広く知られるようになり明治以後も文人や学者から称賛された。

加藤暁台《きょうたい》（一七三二～一七九二）尾張藩士。二八歳で退身。俳諧の道に進み芭蕉に帰れという中興俳諧運動の旗手として活躍し与謝蕪村と交流。晩年は二条家から俳諧では初めての「花の本」宗匠の称号を授けられた。

井上士朗《しろう》（一七四二～一八一二）産科医師。暁台門の筆頭で寛政の三大家に数えられ「尾張名古屋は士朗（城）で持つ」と言われるほど全国に名声を博した。

昭和四六年、四二年前、私、二三歳の時、このテレビ塔の下に立ったことはあるが、ここが「蕉風発祥の地」であることなど、まるで知らなかった。ましてこのような形でここを訪れることになるとは……。まして自分が五〇年も俳句を続けていようとは……。**〈蕉翁の踏み跡さがす黄落期〉**

名古屋城を目指しペダルを踏む。午前九時、名古屋城に着く。テレビ塔から距離四キロ。「尾張名古屋は城で持つ」と言われた金の鯱鉾の輝く御三家筆頭六二万石のお城である。外から城を眺めるが殆ど見えない。**〈黄葉の蔭に天守の見えぬ街〉〈秋風裡知行六十二万石〉**

熱田神宮を目指しペダルを踏む。午前一〇時、熱田神宮に着く。名古屋城から距離一二キロ。芭蕉は熱田神宮を『野ざらし紀行』に次のように記している。

熱田に詣。
社頭大イニ破れ、築地はたふれて草村にかくる。かしこに縄をはりて小社の跡をしるし、爰に石をすえて其神と名のる。よもぎ・しのぶ、こゝろのまゝに生たるぞ、中〳〵にめでたきよりも、心とゞまりける。

しのぶさへ枯て餅かふやどり哉

晩秋の熱田神宮を散策。句作（苦作？）に励む。俳句の神様になかなか近付くことが出来ない。

玉砂利を弾く自転車冷やかな
秋冷の風の吹き出す杜の奥
秋風裡祈るともなく手を合はす
老樹にも石にも神の宿りかな
神名備の紅葉の如く秋の蝶

熱田神宮の近くに「ここが起点」の道標があった。長野から二七〇キロ、国道一九号線（中山道）である。東京駅丸の内口を出て、約六〇〇キロである。「思えば遠くへ来たもんだ！」である。「この小さな自転車で！　よくも、まぁ」と誰かが言った。「自分自身を褒めてやろう」ダメダメ、まだ終った訳ではない。あと約四〇〇キロもある。正念場はこれからである。〈**十月やひとりぼっちの旅**

つづく〉出発！

自転車を漕ぐ。正午、熱田神宮から一二キロ、織田信長と今川義元の激戦地「桶狭間」に着く。古戦場の碑のある小公園で暫時休憩。四万の今川勢が三千の織田勢の奇襲で敗れた戦場である。今も昔も、何があるか分からない。それが此の世の倣いである。**〈旅人に紅葉かつ散る桶狭間〉〈野菊折る旅の愁ひの手遊びに〉〈不確かな事ばかりなり疣毟り〉**

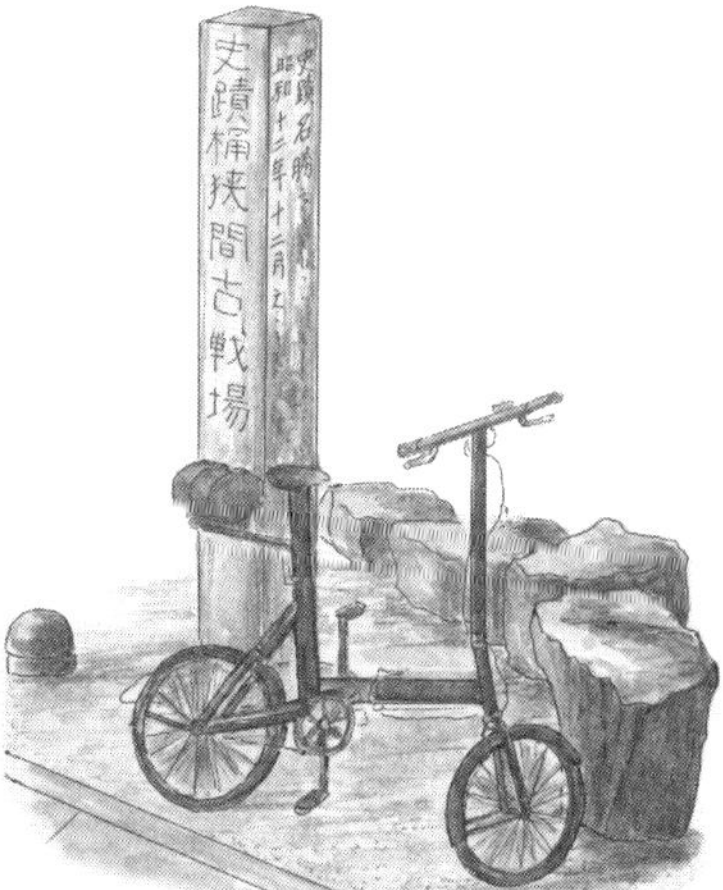

桶狭間古戦場

自転車を漕ぐ。「ブチィー」一三時一五分、岡崎まであと十数キロの所でスポークの破断に気付く。無論、自転車店はない。リムに負担を掛けないように静かに乗る。上手くいった。岡崎城に無事到着。良かった。**〈家康の像の見る空菊香り〉**本日の走行予定はここまでである。電車で名古屋に戻る。一六時四五分、チェックイン。本日は名古屋名物「味噌カツ定食」一五三〇円を食べる。**〈赤味噌の香り広がり秋灯下〉**また太ってしまいそう。**〈馬肥える恐怖もありて飯のこす〉**これは俳句には非ず。ひとつ書き漏らした。途中、知立市の「知立松並木」で休憩。この松並木は、幅七メートル、約五〇〇メートルに一七〇本の松が植えられている。側道を持つのが特徴で、馬市の馬も繋ぐためと思われている。**〈爽やかや江戸の昔の松並木〉**おやすみなさい。

一一月一日（木曜日）晴。本日は名鉄熱田神宮前駅ビルで、俳誌「耕」主宰、加藤耕子先生の「耕の会」熱田教室句会に参加させていただく事になっている。時間は一〇時である。だいぶ前に着いたので、熱田神宮を散歩することにした。**〈秋日濃し熱田の宮をまた巡る〉**指定時間に会場に入る。句会形式は当季雑詠持ち寄り五句、互選で句会は自由な雰囲気で非常に楽しかった。句会録は次の通りである。

「耕の会」熱田教室句会録

（平成24年11月1日）

立ちあがる大根の白伊吹晴れ　菊井稔子
ゆく秋や翁遺愛の手箱寂び　兼松　悟
身に入むや芭蕉朱筆のかく細く　宮田祥子
旅の途や落穂ひとつを手遊びに　中村啓輔
鳥の声して散り初むる木の葉かな　久野克生
秋風や依代囲む杉木立　藤島咲子
十三夜夫のガウンを着てゐたる　大槻制子
胸中に小さき川在り秋の空　伊勢さきゑ
路地裏や金木犀の雨となり　深谷幸夫
水門にゆるき流れや花芒　小笠原貞子

水変ふる小さき壺や秋の草　山川和代
国宝の庭に竹伐る響きあり　谷口馨子
剝落の仁王の眼秋の風　青木房子
秋の雨積み置かれたる古雑誌　和出　昇
二列目は特に長かり雁の棹　日比野里江
初霜やことば掛けたき山の峯　加藤耕子

私の句は〈**さらさらと砂丘くづるる秋思かな**〉である。恥ずかしい。句会終了後、熱田神宮にごく近い「あつた蓬萊軒」の「穀つぶし？」「暇つぶし？」ではない「櫃まぶし」（ひつまぶし）をご馳走になった。昨日、この店の前を通っている。一一時前なのに数人のお客が並んでいた。「予約を受けない」という凄い店だ。東京の「鰻の蒲焼」とは趣を異にするものであった。鰻が柔らかくない。たれが甘くない。一膳目はそのまま、二膳目はさっぱり薬味で、三膳目は独特のだしをかけて茶漬けでいただく。お茶漬けが上手かった。また食べたい。〈**爽秋の旅の馳走の櫃まぶし**〉耕子先生、ご馳走さまでした。

店の隣が「林桐葉宅跡」である。説明板に次の記述があった。「林桐葉は熱田の郷士で、貞享元年（一六八四）冬、「野ざらし紀行」の旅をしていた芭蕉を、わが家に迎えて蕉門に入り、また鳴海の下里知足を紹介するなど、尾張蕉風の開拓者となった。芭蕉もよく立ち寄って名吟を残し、「熱田三歌仙」もここで巻かれている。晩年は元竹と号し、書道に熱中して俳諧から遠ざかった。正徳二年（一七一二）没した。」〈**今はもう木枯ればかり風の中**〉時は無常か。芭蕉は江戸へ戻る時、桐葉の厚遇に対する挨拶として『野ざらし紀行』に次のような記述をしている。

二たび桐葉子がもとに有て、今や東に下らんとするに

牡丹蘂ふかく分出る蜂の名残哉

耕子先生に近辺を案内していただく。道標「東海道」と「美濃路」の分岐があった。説明板には次の記述がある。「ここ熱田伝馬町の西端は、江戸時代、東海道と美濃路（又は佐屋路）の分岐点で、重要な地点であった。この道標の

位置（T字路の東南隅）は、建立当時（一七九〇年）そのままである。四面には、次のように刻まれている。『**東道**　北　さやつしま　同　みのち／**南**　寛政二庚戌年／**西**　東　江戸かいとう　北　なごやきそ道／**北道**　南　京いせ七里の渡し　是より北あつた御本社弐丁』なお、この三叉路の東北隅には、これより三二年前（宝暦八年）に建立された道標があった。表示は、『京いせ七里の渡し』以外はこれと同じである。戦災で破損したが復元され、十メートルほど北側にある」。

〈秋風の研ぎゆく石の道標《みちしるべ》〉

最後に記されている復元された一〇〇メートルほど北側にあるはずの道標を探したが遂に見つからなかった。残念、悔しい！　**〈まぼろしの道標《どうひょう》さがす秋風裡〉**

歩道に十返舎一九の『東海道中膝栗毛』の弥次郎兵衛と喜多八ふうのレリーフが嵌め込まれていた。私の逆まわりの旅も、弥次さん喜多さんの旅に良く似ていると思う。それまでの江戸時代の紀行文はおよそ硬い内容で面白くも何とも無かったそうだ。何か俳人の書いた紀行文と似ている気がする。私の先の『自転車で行く「奥の細道」逆まわり』にしても、今回の『自転車で行く「野ざらし紀行」逆まわり』も、格調たかく無く、人生の示唆も無い滑稽本のたぐいなのだ。私は俳句の宇宙を旅する「独り弥次・喜多」なのだ。また私の口が勝手に訳の分からない動きをし始めた。〈**弥次・喜多と想ふ旅なり地虫鳴く**〉これ俳句？

四人で取り留めのない雑談をしながら歩いていると、伊勢湾奥の宮の渡（七里の渡し）跡に出た。東海道はここから海路で桑名へ出る。ここに説明板と安藤広重の筆による当時の舟着場のレリーフがあった。「七里の渡し舟着場跡」の説

熱田神宮付近の旧東海道

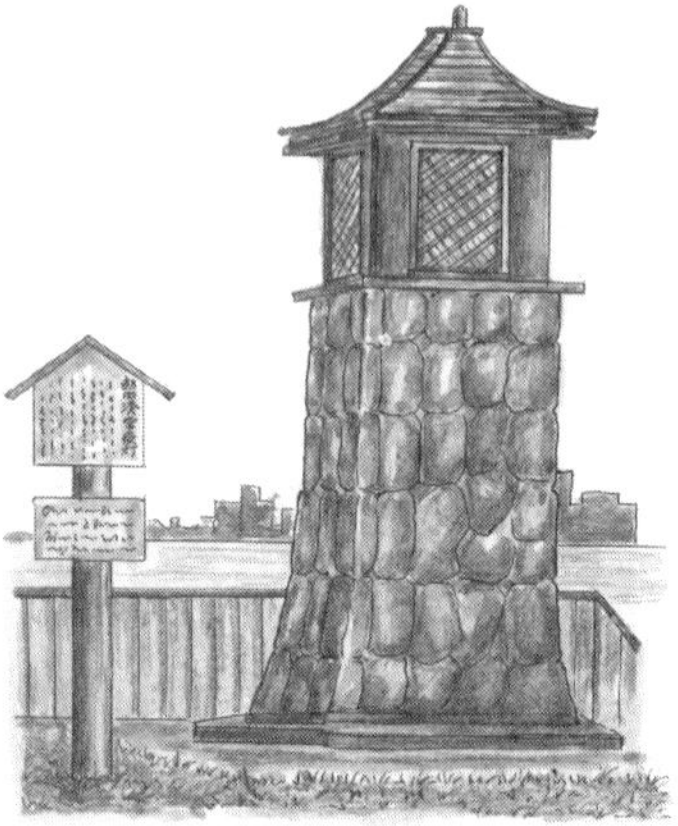

七里の渡し「常夜灯」

明板には次のような記述がある。「江戸時代、東海道の宿駅であった熱田は、『宮』とも呼ばれ、桑名までの海路『七里の渡し』の舟着場として栄えていた。寛永二年（一六二五）に建てられた常夜灯は航行する舟の貴重な目標であった。現在も復元されて往時の名残としている」。安藤広重による「東海道五十三次」の中にも、宮の宿舟着場風景が描かれており、当時の舟着場の様子を知ることが出来る。ここに「熱田湊常夜灯」の説明板がある。「この地は宮（熱田）の神戸の浜から、桑名までの海上七里の航路の船着場跡である。常夜灯は寛永二年（一六二五）藩の家老である犬山城主成瀬正房（正虎）が、父正成の遺命を受けて須賀浦太子堂（聖徳寺）の隣地に建立した。その後風害で破損したために、承応三年（一六五四）に現位地に移り、神戸町の宝勝院に管理がゆだねられた。寛政三年（一七九一）

付近の民家からの出火で消失、同年、成瀬正典によって再建されたが、その後荒廃していたものを昭和三十年に復元した」とある。**〈伊勢湾や秋の暮色に常夜灯〉**

常夜灯のすぐ傍に、立派な鐘楼がある。これは尾張二代藩主徳川光友の命により、延宝四年（一六七六）に熱田に住む人々や東海道を旅する人々に正確な時刻を知らせるために熱田蔵福寺に設置された「時の鐘」である。昭和二〇年の戦災で、元の鐘楼は焼失したが、鐘は損傷を受けずに今も蔵福寺に残っているそうだ。**〈秋空や歴史を今に時の鐘〉**

宮の宿には問屋三軒、本陣三軒、旅籠二五〇軒、船奉行所、船番所があり、かなりの賑わいだった。明治二九年に料亭として建てられた「熱田荘」、旧脇本陣だった丹羽家の堂々たる木造二階家に往時を偲ぶことができる。**〈秋の日を弾く障子の白さかな〉**

七里の渡し「時の鐘」

江戸後期に来日したドイツ人の医師・博物学者のシーボルトが、文政九年（一八二六）二月にオランダ使節に随行して江戸へ参府する時と、四月に長崎に帰る時に、ここ宮の宿で名古屋の本草学者水谷豊文とその門下生が教えを受けた。その後、彼らは名古屋の医学・植物学の研究に多大な貢献をしたという。シーボルトも立った七里の渡しの船着場に、約二〇〇年経て同じ場所に私が立っている。「すごい！　歴史ってロマンがあるなぁ」と妙な感心をしている。〈**鳥雲や歴史ロマンにシーボルト**〉

歴史のある場所というのは何かの力を感じる。面白い時間を過ごすことが出来た。歴史に誘発されて次の句ができた。

秋陰や七里の渡し跡に立つ
潮騒を幽かに聞いて秋惜しむ
鯔跳ぶや黄昏れて行く海の端
秋の日のするりと落つる胸の中
雁渡し伊勢湾奥に灯が点る

タクシーに乗り込み、鳴海の千句塚公園の「千鳥塚」を見に行く。ここは一度、訪ねてみたい場所であった。急に浮き浮きしてくる。〈**浮き浮きと車に乗るも秋日和**〉熱田から鳴海の途中に、八世紀創建の古寺「笠覆寺」がある。本尊の十一面観音が雨露にさらされているのを見た乙女が、自分の笠を仏に奉ったという。この乙女が後に藤原兼平の室になったという伝説から「笠寺観音」と呼ばれている。芭蕉は〈**笠寺やもらぬ岩屋も春の雨**〉と詠み、多宝塔の脇に「春雨塚」という句碑が建っている。これは安永二年（一七七三）に知足らが建てたもの。もう一基〈**星崎の闇を見よとや啼千鳥**〉が寺の裏の墓地にある。〈**車窓より眺むる秋の句碑ふたつ**〉見えるはずのない句碑が見えるのは心眼か、それとも嘘つきかのいずれかである。わたくし自身は嘘つき俳人とは思っていない。私は「俳句は実体験を基に詠う季感詩」と思っている。その判断は後世の歴史に任せよう？〈**嘯いて秋の鴉がまた啼きぬ**〉

多少、道に迷うが千句塚公園の大きな榎の木の下の「千鳥塚」の前に立つことが出来た。〈**小鳥来る榎大樹の下に立つ**〉〈**秋日差す真筆と言ふ千鳥塚**〉ここ鳴海で酒造りと油を造っていたのが、蕉風俳人の代表ともいえる、下郷知足である。
芭蕉は〈**京まではまだ半空や雪の雲**〉と詠む。

「千鳥塚」の説明板に次のような記述があった。「この碑は、貞享四年(一六八七)冬十一月、寺島安信宅での歌仙『星崎の闇を見よとや啼千鳥』の巻が、満尾した記念に建てたもので、文字は芭蕉の筆、裏面には連衆の名、側面には興行の年月

千鳥塚

が刻んである。これは、芭蕉存命中に建てられた唯一の翁塚であり、俳文学史上稀有の遺蹟といってよい。（以下省略）」

連衆は鳴海六俳仙の「知足・自笑・ぼく言・如風・重信」で知足が『千鳥掛』としてまとめた。今回、訪ねることが出来なかったが知足の下郷家の菩提寺誓願寺に、永井荷風の曾祖父永井士前の建てた芭蕉堂があり、中に芭蕉手植えの松の古材で彫ったといわれる芭蕉像、その堂のすぐ脇に芭蕉供養塔があるそうだ。〈**俳仙と言ふ人想ふ秋薄暮**〉

蕉翁の立ちたる辺り秋の風
爽秋や芭蕉を偲ぶ千鳥塚
秋日濃し旅に榎の実を拾ふ
見あげるとゆつくり動く秋の雲
八千草や風のささめき聞く夕べ

楽しい一日だった。俳誌「耕」主宰、加藤耕子先生、「七里の渡し・千句塚公園（千鳥塚）」の吟行に同行、案内していただいた、藤島咲子さん、日比野里江さんの俳句をご紹介したい。吟行という俳句現場に立ち、実感で詠った一句一句は作者の息づかいが聞こえるようで生き生きとしている。

秋惜しむ街道分かつ道標　　加藤耕子

鳥渡る浜に帰船を洗ふころ
夕黄葉ひかりをひきて鳥礫
火を焚いて暮早き日を仕舞ひけり
榎の実拾ふことばを拾ふやう
鶺の群るる川面や鯔の跳ねる音　　藤島咲子

堀川や鯔とんで鶺の群るるころ
波の間や鯔飛ぶ七里渡しあと
末枯や林桐葉夢のあと
千鳥塚かたはらに落つ榎の実
茶の花のつぎつぎ桐葉屋敷あと　　日比野里江

渡し場の波おだやかや昼の虫
潮さびの太鼓櫓や秋高し
群れて飛ぶ鵜の旋回や秋の潮
千鳥塚日がな落ちつぐ榎の実

さぁ、帰り道である。バス、電車を乗り継ぎ、名古屋駅に出る。いよいよお別れである。〈**秋暮色手を振る別れありがとう**〉感謝！

さて、マイ自転車を入れたロッカーの位置が分からなくなってしまった。困った！　駅員に二度も聞いてしまった。さすが天下の名古屋駅は広い。〈**ロッカーに足が生えたか蚯蚓鳴く**〉これ冗句《ジョーク》？　今日は冴えている！

夜九時前に家に着く。私「ただいま」妻「おかえり」会話終了。〈**無事を目で確かめてをり秋の夜**〉おしまい。

今回の走行距離は一一三キロ、行程二泊三日。累計六三〇キロ、一〇泊一八日。次回は一一月半ばに山梨の俳句仲間とかねての約束である旧甲州街道「笹子峠」越えの吟行を行う。翌日、私は独りで旧木曽路を辿り、「鳥居峠」を越える。雪が降らなければ良いと思っている。「笹子峠・鳥居峠越え、がんばるぞ！」〈**熊の出る噂もありて眠られず**〉熊のご馳走にはなりたくない。私のお腹の辺りは油脂分過多の「とろロース」なので健康に良くないと熊に伝えておきたい。

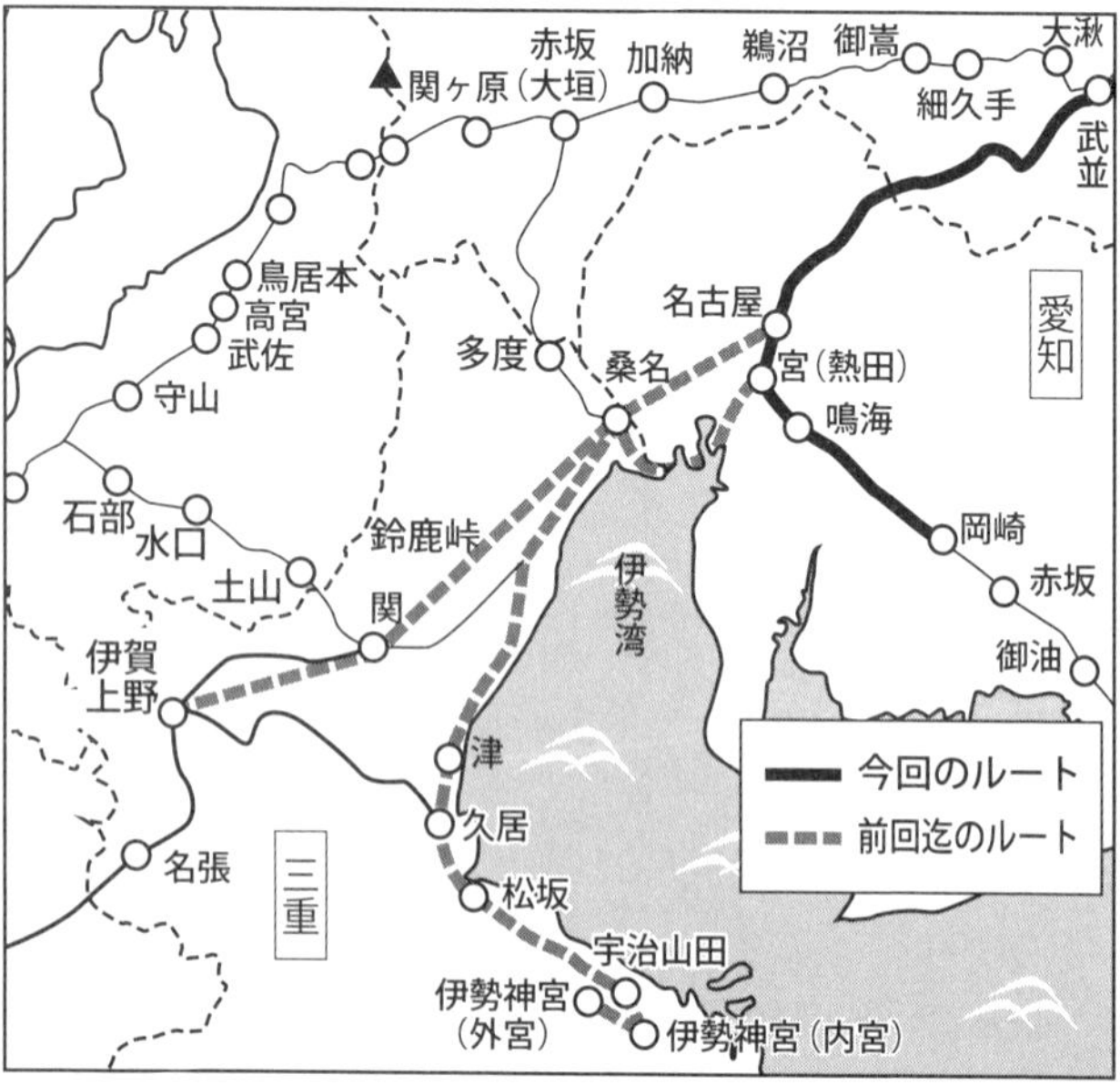

第9次　笹子峠&鳥居峠

今回は連句でいう季戻り的なことをする。現在「自転車で行く『野ざらし紀行』逆まわり」は一〇月の時点で東海道を岡崎まで進んでいる。四月に甲州街道の笹子トンネルは「狭い・暗い・長い・車が多い」という情報があり、結果として得意の「危険が危ない」のでJR笹子駅から甲斐大和駅間の六キロを輪行してしまっていた。これを私たちの俳誌「かびれ」の山梨支部の皆さんと笹子峠越えの吟行をしようとしている。次の日は一人で旧中山道の「奈良井宿→鳥居峠→藪原宿」の七キロを歩こうというのだ。既に終ってしまっている行程を歩く。全く酔狂このうえない話である。**〈人生の無駄も楽しき冬の旅〉**私の人生は半分以上やせ我慢かもしれない。

平成二四年一一月一五日(木曜日)晴。自宅を五時半に出る。早朝で都電は走っ

ていないのでＪＲ王子駅まで歩く。〈**リュックには俳句手帳とボールペン**〉まだ外は真っ暗。寒い。〈**旅立ちは十一月の未明かな**〉あぁ、寒い。早々にぼやき俳句が出る。〈**神無月ぼやきも俳句となりにけり**〉字余り。これ得意の冗句《ジョーク》。俳句は一四歳で始め五〇年である。俳句との出合いがなければ私の人生もっと楽しいものになっていたに違いない。〈**がたことと冬の電車はよく揺れる**〉ぼやきの続きが出る。そういえばこの旅の時間捻出のため徹夜で原稿書きと選句をして来た。一睡もしていない。完徹（完全徹夜）である。完徹はサラリーマン時代の懐かしい言葉。〈**完徹の脳を歪ます寒気かな**〉これが後でとんでもない結果をもたらそうとは神様も仏様も無論、私もぜんぜん知らないのだ。〈**神仏に想定外も冬の朝**〉新宿駅ホームで本日の旅に同行してくれる、井上千代子さん、御年八〇歳と待ち合わす。〈**ひそやかに冬の新宿待ち合はせ**〉元気で明るい人である。

逢瀬には年の差があり片時雨　　詠み人知らず
言ふなれば他人のふたり神無月

車中、居眠りをするどころではなかった。〈**よく喋る待ってましたと暖房車**〉隣の人が、である。これは俳句ではない。

高尾駅を経て七時三三分に笹子駅に着く。〈**木の葉雨息をひそむる無人駅**〉笹子峠に向け歩き出す。甲州街道はかなり車が多い。〈**冬初め甲州街道ひた歩く**〉さらに歩く。ときおり確認のため道を訊く。〈**甲州の人とつとつと冬日和**〉

八時一五分。笹子峠入口の道路標示を見つける。旧甲州街道に入る。暫く歩く。山里らしい雰囲気になってきた。

六十の半ばの自由小六月
冬紅葉此の世の憂さを忘れけり
木の葉雨ただ黙々とただ歩く

八時四〇分。旧甲州街道（車道）と沢道の分岐点に出る。近くの家に声を掛け、道を訊ねる。〈**冬浅しとつとつとつと甲斐訛り**〉どちらでも同じくらいの時間で行けるらしい。後藤はるよさんに居場所が分からなくなるので「沢道には入らないように」と言われていたが矢立の杉の待ち合わせ時間には支障はなさそうなので沢道を登ることにした。

ぽたぽたと落ちて光りに軒の霜
冬あたたか道を訪ひたる里の家
沢沿ひの小径に木の葉時雨けり

二人には珍しく寡黙に歩く。沢の音が澄んで気持ちよい。**〈身の修羅を浄化して行く冬の水〉**私は思う。「私は生まれつきの俳人なのだ」と、その時、千代子さんの「先生、これ猪じゃないの？」という甲高い声に妄想から現実に引き戻された。私「猪、どこにいるの？」千代子さん、径の泥濘を指差している。猪が泥浴びをした跡か？　足跡か？　私「本物でなくて良かった！」さっそく一句。

猪の足跡しかと沢の径　千代子
猪の踏み跡と聞く甲斐の国　多可志

実感のある良い句であると思った。後日、猪が秋の季語であることに気付いた。なぜ、熊・狸・狐が冬なのに、なぜ、猪だけが秋なのか？　落葉を踏む音に少しビクつきながら歩く。〈**冬眠の熊の寝息か霜の朝**〉

八時五五分。「自然遊歩道入口」に着く。後藤はるよさんに「矢立の杉で待つ」と電話をする。ここより携帯電話は圏外となる。音信不通。

初霜を踏みて邪心の大鴉
青空や枯れ尽くしたる獣道
冬麗や山から山へ流れ雲
猛禽の冬空よぎる真昼かな
山道を登れば冬の深くなる

久しぶりに初冬の山道を歩いた。なかなか楽しいものだ。

九時一五分。「矢立の杉」に着く。九時三五分に出発。樹高二八メートル、根

笹子峠矢立杉

回り一四・八メートル、幹回り目通り九メートル、樹齢およそ一〇〇〇年、幹は二二メートルで折れ、中は空洞となり火災で炭化、梢頭・主枝等は白骨化している。この杉と言おうか、大自然のありようを見て口に出たのが次の一句である。

千年のいのち脈打つ冬の山

思わず合掌をしてしまった。後藤はるよさんに電話をするが繋がらない。〈**ケータイは圏外表示冬日差す**〉バス組の到着にはまだ時間が掛かりそうなので、連絡の取れぬまま笹子隧道に向かうことにする。はるよさん「すみません」。〈**山眠る頭を下げてご免なさい**〉こういう時の挨拶句は苦手だ。これは俳句ではない。申し訳ありませんでした。

一〇時二〇分。笹子隧道に着く。甲州街道最大の難所といわれた笹子峠（一〇九六メートル）を回避するため、長さ二四〇メートル、幅二一メートルの柱状の装飾と赤レンガのレトロなトンネルが昭和一三年に完成。お洒落なトンネルである。隧道の脇に説明板があったので後日の参考に書き写した。

笹子隧道について

四方を山々に囲まれた山梨にとって昔から重要な交通ルートであった甲州街道。その甲州街道にあって一番の難所といわれたのが笹子峠です。この難所に開削された笹子隧道は、昭和一一年から一三年まで国庫補助を入れて二八万六千七百円の工費を投入し昭和一三年三月に完成しました。坑門の左右にある洋風建築的な二本並びの柱形装飾が大変特徴的であります。昭和三三年、新笹子トンネルが開通するまでこの隧道は、山梨、遠くは長野辺りから東京までの幹線道路として甲州街道の交通を支えていました。南大菩薩嶺を越える大月市笹子町追分（旧笹子村）より大和村日景（旧日景村）までの笹子越えは、距離一〇数キロメートル、幅員が狭くつづら折りカーブも大変多いためまさしく難所で、遥か東の東京はまだまだ遠い都だったことでしょう。昭和前期の大役を終え静寂の中にあるこの隧道は、平成一一年、登録有形文化財に指定されました。

大月土木工事事務所

〈木の葉散る笹子隧道寂びやかに〉電話は圏外で繋がらない。散策している人にバス組に会ったら私たちがここにいることを伝えて欲しいと頼んだ。ラッキーなことにこれが上手くいった。する事が無いので、冬青空から降って来る紅葉を見ながら句作に励む。結構、夢中になれた。

冬雲の欠片が眩し峠越え
木枯しの中の一人となる真昼
冬空を破りて木の葉また散りぬ
ジェット機が冬の青空切り裂きぬ

実に良い句ばかりである。誰も言ってくれないので自分で言ってしまった。そうこうするうちバス組が到着。**〈再会の握手を交はす冬紅葉〉**会えてよかった！

これから先のことは、後藤はるよさんが書いてくれた吟行記を添付するので読んで欲しい。

主宰と吟行「笹子峠」　後藤はるよ

平成二四年一一月一五日（木曜日）晴。大竹多可志先生の「自転車で行く『野ざらし紀行』逆まわり」の旅の「笹子峠越え」に、俳誌「かびれ」山梨支部が吟行を兼ねて随行するという話が出たのが昨年の四月であった。ところが一昨年の台風で笹子峠は土砂崩れのため、通行止めとなっていた。やっとその工事も終り本日の「笹子峠吟行会」の運びとなる。当日は「山梨かびれ会」の会員が一〇名、東京方面からの参加者が一〇名の総勢二〇名の賑やかな吟行となった。「山梨かびれ会」には「嬉しい・緊張する」等々の声があり、本日の吟行を皆さん心待ちにしていた。第2次「高尾山から猿橋へ」の旅に随行した井上千代子さん、今年御年八〇歳が徒歩組として多可志先生に同行することになっている。他はJR笹子駅に集合し笹子峠に向かうマイクロバス組である。この二つの組は笹子峠で合流の予定である。多可志先生と千代子さんは笹子駅に七時三三分に到着予定である。マイクロバス組はJR大月駅前に九時に集合予定である。

霜晴や黙って降りる無人駅　大竹多可志

霜柱踏むや故郷と同じ音　井上千代子

多可志先生たちは笹子駅から国道二〇号線（甲州街道）を徒歩で三〇分の笹子峠入口から峠道を一五分ほど登り、車道を歩いて私たちマイクロバス組と「矢立の杉」で合流の予定である。山梨のメンバーは大月駅前に九時に集合し、東京のメンバーを待つ。

冬晴や東京人を待つ駅舎　清水征代

小春日や駅の広場で待ち合はす　斧田登美子

東京からの参加者八名と大月駅で合流。大月駅から一五分ほどで第一の吟行地、初狩宿に到着。芭蕉は天和二年（一六八二年）、江戸の大火で焼け出され、初狩宿の姉の嫁ぎ先を頼り暫く滞在した。

山賤のおとがい閉づるむぐらかな　芭蕉

あたり一面に雑草が伸び蔓延った山中で下顎（おとがい）を閉じて無愛想な樵に会ったさまを詠んだ句碑が、統合により廃校となった初狩小学校の前にある。

うらうらの冬の日差や芭蕉句碑　小出民子
姿よき翁の句碑や冬紅葉　柴田美枝子
冬日差す芭蕉の句碑が富士に向く　西室允恵

二〇分後、笹子宿に着く。目の前に笹子峠入口が見える。多可志先生に電話を入れる。繋がらない。「まぁ、大丈夫だ」とは思ってはいるが……。ギネスブックでお馴染みの地元「笹一酒造」の大きな「世界平和太鼓」が見える。笹一酒造のＰＲをする訳ではないが、笹一酒造の新酒フェスティバル・

ワイン・笹子餅等を販売する店内を案内する。

小春日や風にさ揺らぐ酒林　坂本たみ
早々に土産買ひ込む冬初め　畠山啓子
甲斐に冬高圧線が山跨ぐ　山形保紀
道祖神在す峠や冬紅葉　渡辺芳子

峠道を一〇分程で遊歩道入口に到着。全員バスを降りる。冬の日に透く美しい紅葉に山形さんが盛んにシャッターを切る。沢の澄んだ音を聞きながら落葉を踏み締めて歩いて行く。絶好の作句ポイントである。

どこよりも色濃き甲斐の冬紅葉　黒岩秀子
小流れの光の中に木の葉舞ふ　佐々木千枝子
冬日差す明治天皇野点の地　斎藤　政
木の葉時雨恩賜の森の静まれり　田中嘉津了

林床の沢を登って行くと「矢立の杉」が見えて来る。出陣する兵士がこの杉に矢を射立て戦勝祈念したと伝えられている。樹齢千年と云われ、二代広重の絵にも登場する。

冬空の見ゆる矢立の杉の洞　大竹多可志
神の留守矢立の杉の洞のぞく　関　丈子
冬日向身代り地蔵鎮座する　佐々木幸子

矢立の杉が多可志先生、千代子さんとの合流地点なのだが、お二人の姿が見えない。そんな時、峠を下りて来た人に、多可志先生の伝言を聞く。「頂上の隧道付近で待っている」とのこと。さすが健脚であり旅慣れていると一同感心する。

冬青草師の伝言を聞く山路　後藤はるよ

木の葉雨塞の神にも手を合はす　　星　美和子

急ぎバスで隧道に向かう。一一時三〇分、多可志先生たちと合流する。会えて良かった。隧道を歩いて抜ける事になった。ひとりでは恐い。「みんなで、抜ければ、恐くない」とは言うものの、薄暗く、寒く、皆さん無口となる。

銃弾の如き木枯し背を襲ふ　　大竹多可志

隧道を吹き抜く風の寒さかな　　同

雪を被った南アルプスが眼前に眩しく見えた。山はもう冬なのだ。峠を下る。駒飼宿は宿場の名残も殆ど見られない。本陣跡も近代的な住宅となっていた。元「かびれ」同人、志村桑石さんの娘さんの嫁ぎ先の料亭「天庭」で昼食となる。投げ入れの「梅擬き」が素敵であった。桑石さんの差入れもあり、和やかで楽しい吟行句会となった。多可志先生の懇切な指導、講評をいただき名残を惜しみながら閉会とした。

手を振りて「信濃へ行く」と冬夕べ　大竹多可志

冬入日別れを惜しみ山の駅　西室勢津子

これから上諏訪駅へ、そして明日、奈良井宿から鳥居峠を越え、藪原宿に向かわれる、多可志先生をお見送りする。見送られる時は振り向かず手を振るという多可志先生、どうぞ良い旅をと願わずにはいられなかった。

後藤はるよさんの書いてくれた吟行記をそのまま引用させていただいた。現場の模様が分かり易く、実に良く書けていると思う。私は非常に楽をさせていただき、申し訳ないと思っている。

友垣の笑みに送られ冬の旅　多可志

笹子峠の吟行に同行していただいた皆さんの俳句を掲載するのを危なく忘れる

ところだった。〈日常にこのごろ増ゆるもの忘れ〉？季語を忘れた。これは俳句ではない。

笹子峠吟行句会録

旅人と思ふひとときき冬初め　大竹多可志
遠来の友の笑顔や小六月　畠山啓子
駅前に冬の紅葉や甲斐の国　山形保紀
千年の杉ののけなげさ甲斐の冬　渡辺芳子
隧道の風ほのぐらき寒さかな　西室允恵
賑やかな笑顔の揃ふ小春かな　黒岩秀子
冬日差す囲ひの奥に矢立の杉　清水征代
杖ついて渡る木の橋紅葉舞ふ　小出民子
熊出ると誰かつぶやく落葉道　関　丈子
洞幽き矢立の杉や冬の晴　柴田美枝子
千年の杉への思ひ甲斐の国　星　美和子

冬初め熊に注意の案内板　坂本たみ
隧道を抜ければ甲斐の冬晴るる　西室勢津子
郷愁を深むる里の朴落葉　井上千代子
シャッターを切る音ひびく冬紅葉　佐々木千枝子
雪山が遠くに見ゆる峠かな　斎藤　政
落葉山足裏ほこほこ歩きけり　佐々木幸子
俳友のゆかりの店や冬温し　田中嘉津子
吟行のバスに揺られて雪の富士　斧田登美子
呼び込みのワインを買ひぬ冬うらら　後藤はるよ

楽しい句会であった。〈**笹鳴きを聞いてほろ酔ふ句会かな**〉笹子駅まで送って貰う。〈**冬木立つ鴉の声の濁る夕**〉別れは淋しいものである。私はひとり上諏訪に向かう。この後がてんやわんやの大騒動となる。その前に本日の成果というべき俳句を並べてみる。

笹子峠（平成24年11月15日）

霜晴や黙って降りる無人駅
旅人と思ふひとときと冬初め
息白し甲斐の山家に道を問ふ
木の葉雨猪の踏み行く甲斐の国
枯れ山の道標ひとつ見失ふ
冬空の見ゆる矢立ての杉の洞
木の葉雨峠で友を待ちにけり
隧道を吹き抜く風の寒さかな
からころと落葉踏む音ひびき合ふ
銃弾の如き木枯し背を襲ふ
乾杯は甲州ワイン冬うらら
手を振りて信濃へ行くと冬夕べ

同行してくれた井上千代子さんは「笹子峠吟行」を次のように詠った。

冬桜

井上千代子

藁塚も稀になりけり甲斐の里
人影の見えぬ古刹や冬桜
霜柱踏みて故郷の音と聞く
瀬の音の近き旧道冬紅葉
木の葉雨猪の足跡たどりたる
遠山の雪を眩しむ小春かな
集落をかこむ山々冬紅葉

三時五七分、笹子駅発の電車で甲府へ向かう。下り電車である。甲府駅で電車を乗り継ぎ、六時には上諏訪駅に到着予定であった。「あった」に注意。〈**冬あたたか山梨の人ありがたう**〉完徹（完全徹夜）による寝不足、吟行の心地好い疲労、暖房電車の気持ちの良い揺れに、私の意識が次第に薄れて行くのを感じていた……午後五時ごろ、目が覚める。寝ていたようだ。何かおかしい？　車内放送の駅名が東京へ向かっているのだ。一瞬、何が起きたか分からなかった。乗り合わせた乗客に「この電車、下りですよね」と訊いた。乗客「上りです」乗客、下を向いて笑っている。私、「失礼だ」と思う。乗客に断りもなく、下り電車を上りに電車に変更するなんて「ありえへん」ことだ。なぜか突然関西弁。〈**暖房電車下りが上りとなる不思議**〉ＪＲはおかしい？　冷静に考えると、私は寝てしまった。電車は終点甲府駅に着いた。私は電車の最後部にいたのに車掌は起してくれなかった。車内の点検はしているのだろうか。悪いのはＪＲか？〈**親切な車掌の居らぬＪＲ**〉私の乗っていた電車は甲府駅で上りの折り返し電車になったようだ。〈**己が非を認めず寒き八つ当たり**〉乗り換えなければ東京に戻ってしまう。たいへんだ！　特急の止まる大月駅で下車して電車を待つ。〈**ことさらに寒さ身に沁む甲斐の月**〉良い月が出ていた。急ぎ宿に電話をする。〈**言い訳をたらたら言うて寒や寒**〉乗り継ぎが悪く上諏訪駅に着いたのは夜の八時になってしまった。予定より二時間も遅い到着となった。今宵の宿泊は私の勤めていた会社の厚生年金の保養所である。ここは言わば定宿である。私「すみません。こんばんは」フロントの女性「大竹さん、今まで遅れたことは無かったのに……」ニコッと笑って「寝ていたでしょう」私、うつむいて無言。〈**月寒し心の奥を見抜かれる**〉私、恥ずかしく返す言葉も見つからず〈**寒き夜を酒も飲まずに寝てしまふ**〉となった。まるで現場からの俳句による実況放送のような文章となった。まさに俳句の生まれる現場である。〈**あつあつの味噌汁の出る冬の夜**〉宿の皆さんありがとう。さすが俳人、転んでも俳句を作ってしまう自分を褒めてあげよう。〈**慰めを自分に言うて宿の冬**〉みじめ。おやすみ。

一一月一六日（金曜日）晴。朝七時、食事をしている。昨夜、フロントの女性に「朝食は七時半です」といわれた。私「七時にして下さい」よくも平気な顔で言えたものである。〈**朝食を七時に済ます冬の旅**〉食事は昨日の夜も今日の朝も一人であった。〈**独食に少し慣れたり冬雀**〉あぁ、侘しい！　冗談はこのくらいにして出発する。

七時五四分、ＪＲ上諏訪駅から塩尻駅経由で奈良井駅に向かう。到着は八時四六分の予定である。奈良井宿は七月、八月、九月（妻と木曽の旅）と今回を含め連続四回も来ている。奈良井宿の観光ガイドが務まるかもしれない。予定通り九時前に奈良井駅から「伝統的建造物群保存地区」の古い町並みを通る。鳥居峠入口までは一・二キロである。町は今やっと目覚め、土産物店が店を開けようとしている。まだ人通りはない。店先の温度計が零下三度を指している。頗る寒いのだ。

鎮神社を右に曲がると、道標「中山道　上る　鳥居峠　下る　奈良井宿」があった。信濃路自然歩道中山道ルートでもある。〈**寒風が道標を研ぐ古道かな**〉す

中山道道標

ぐ上に落葉に埋もれた石畳が現れる。なかなかの風情である。〈**かさこそと歩く落葉の石畳**〉あぁ、滑った！〈**枯葉踏むバランス崩す石畳**〉道は上りではあるが、さほどきつくはない。落葉松の上の方で音がする。熊か。そんな訳はない。栗鼠だった。〈**落葉松を栗鼠がするりと冬日の中**〉驚かされた。静かな良い山道である。

胸まで石に埋もれた石仏がある。モナリザのように微笑んでいる。〈**石仏のほのかな笑みや霜の朝**〉今まであんな石仏は見たことなかった。〈**石仏の顔それぞれに雪被る**〉落葉松の樹間に奈良井宿が見える〈**霜晴や樹間に見ゆる奈良井宿**〉良い景色である。

少し歩くと本沢自然探勝園（葬沢）に出た。藪の深そうな谷間である。説明板には「天正一〇年（一五八二）二月、木曽義昌が武田勝頼の二千余を迎撃し、大勝利を収めた鳥居峠の古戦場である。この時、武田方の戦死者五百余名でこの谷が埋もれたといわれ、戦死者を葬った場として葬沢（ほうむりさわ）と呼ばれる」とあった。〈**雪落つる音に慄く峠かな**〉不気味であった。中の茶屋に出る。うっすらと雪が付いている。勿論、無人である。〈**もの音を山が呑み込む寒さかな**〉

冬枯れの道を歩く。道が大きく曲がった向こう側の木の橋で何か茶色い影が走った。〈**冬枯や小径を獣の走る影**〉鹿か？「しかとはわからん」木の橋を渡っているのは確かに猿だ。「これがほんとうのさるはしだ」冗談を言っている場合ではないのだ。私も猿の群れもお互いの姿を事前に捉えていない。出合い頭の衝突のようなものだ。非常に危険だ。猿は十数匹の群れだった。猿は私に驚き、すぐ谷の藪の中に消えた。「さるものは追わず」である。暫く私を威嚇するような猿の

鳥居峠石仏

声が谷に響いていた。〈**雪原に猿の威嚇の叫びかな**〉猿に引っ掻かれなくて良かった。写真を一枚撮ることが出来た。〈**ボス猿の威厳の顔に枯るる色**〉ラッキー！

鳥居峠「一里塚跡」の碑があった。〈**雪踏むや昔ここには一里塚**〉また歩く。道標には「鳥居峠一〇〇メートル　JR藪原駅三・四キロ　奈良井宿二キロ　JR奈良井駅三キロ」とあった。馬頭観世音の碑もある。鳥居峠（一一九七メートル）直下に小屋がある。この辺が雪は一番深いようだ。明治天皇駐蹕所跡の碑、熊除けの鐘があった。熊はもう冬眠しているはずだ。私は金太郎ではないので、熊と相撲は取りたくない。鐘を数回、鳴らす。〈**悴みて熊除けの鐘また鳴らす**〉

ここで徒歩で中山道を歩く七〇歳ぐらいの人に出会う。この方がまた凄い人であった。既に東海道は歩いたので、中山道を歩いているという。松本の人らしい。以前、鳥居峠は歩いたことはあるが一連として歩き直しているという。以前、来たことがあるからここは省略という私とは根性が違うようだ。この方「やれることはやれるうちにやっておきたい」という。私はこの言葉を感動的に聞いた。この方と藪原宿まで話をしながら歩いた。楽しかった。〈**栃の木の冬木の下に旅の人**〉葉をすっかり落とした栃の木群生地はモンスターの集団のようだ。〈**葉を落とす**

鳥居峠の栃の木

鳥居峠「一里塚跡」

御嶽神社

栃の大樹はモンスター〉あんまりストレート過ぎて俳句になっていない。失敗作。

　雪を戴いた御嶽山（三〇六七メートル）を御嶽神社より拝んだ。四〇年前に御嶽山に登ったことがある。若かったことだけは確かだ。〈**青春の記憶たどるや雪の山**〉鳥居は崩れ掛かっているので通行禁止になっていた。〈**冬空の戦勝祈願の鳥居かな**〉人も物も永遠・永久ということはないのだ。〈**寒風に摩滅してゆく鳥居かな**〉

　丸山公園に出る。ここには芭蕉の〈**木曽のとち浮世の人のみやげ哉**〉の句碑を含め、多くの歌碑、記念碑がある。木曽の文化の高さを知ることが出来よう。〈**冬晴やじっくりと読む芭蕉句碑**〉この辺から道は藪原宿へ下って行く。途中、金茶色の唐松の落葉が敷き詰められた道があった。実に綺麗だ。**〈鳥居峠唐松落葉金茶色〉**全て漢字表記だ。「真面目にやれ」と言われそう。

道はどんどん下って行く。中山道と野麦・飛騨との分岐点（追分）、水飲み場、お六櫛の店、藪原宿防火高塀跡、水車があったり、結構、見る物が多い。さすが木曽一一宿の中で最も賑わったという藪原宿である。**〈冬日和ことわって飲む水飲み場〉**一一時五〇分に藪原駅到着。次の上り電車は午後一時一九分。約一時間三〇分の待ち合わせである。「そうだよ。ここは東京じゃないのだよ」と自分に言い聞かせる。前の電車は二五分前だった。少々残念。でも二日間の山旅が無事に終った

藪原宿

ことを喜ぶべきだろう。良かった！　良かった！〈**山賊と熊にも遭はず冬の旅**〉することも無いので駅前を熊のようにうろうろした。突然、山の方で銃声がした。〈**猟銃の谺ふくらむ過疎の里**〉でも考えてみれば二日間とも天候にも恵まれ良い初冬の山旅であった。〈**風花やあっけらかんと旅終る**〉

ここ藪原駅発一時一九分の電車に乗り、塩尻駅で特急に乗り換え、新宿駅着四時三六分、家には五時半前に到着。とうぜん妻は職場からまだ戻っていない。〈**ただいまの相手も居らず冬暮色**〉

今回は山旅で自転車に乗っていない。徒歩で正確な距離が分からない。参考に鉄道の営業距離を記録しておく。一日目の笹子駅〜甲斐大和駅が六キロ、二日目の奈良井駅〜藪原駅が七キロで合計一三キロ。行程一泊二日日。累計六四三キロ、一一泊二〇日。次回はコースを元に戻し、岡崎から静岡を目指す。走行距離は約一五〇キロ、二泊三日の予定である。次回はこれから本格的な冬となるので、暫くこの旅は冬眠することにする。目覚めるのは来春平成二五年の三月の予定である。それまで皆さん、おやすみ。〈**人間に無き冬眠の時間かな**〉または仮に冬眠をしても〈**冬眠をしても老いから逃げられず**〉が現実かな？　実際この旅の途中で冬眠をしてしまったら、はたして冬眠から目覚めることが出来るかどうか？　分からない。おやすみ。**〈今夜また冬眠の妻すやすやと〉**これ冗句《ジョーク》。今度こそお休みなさい。

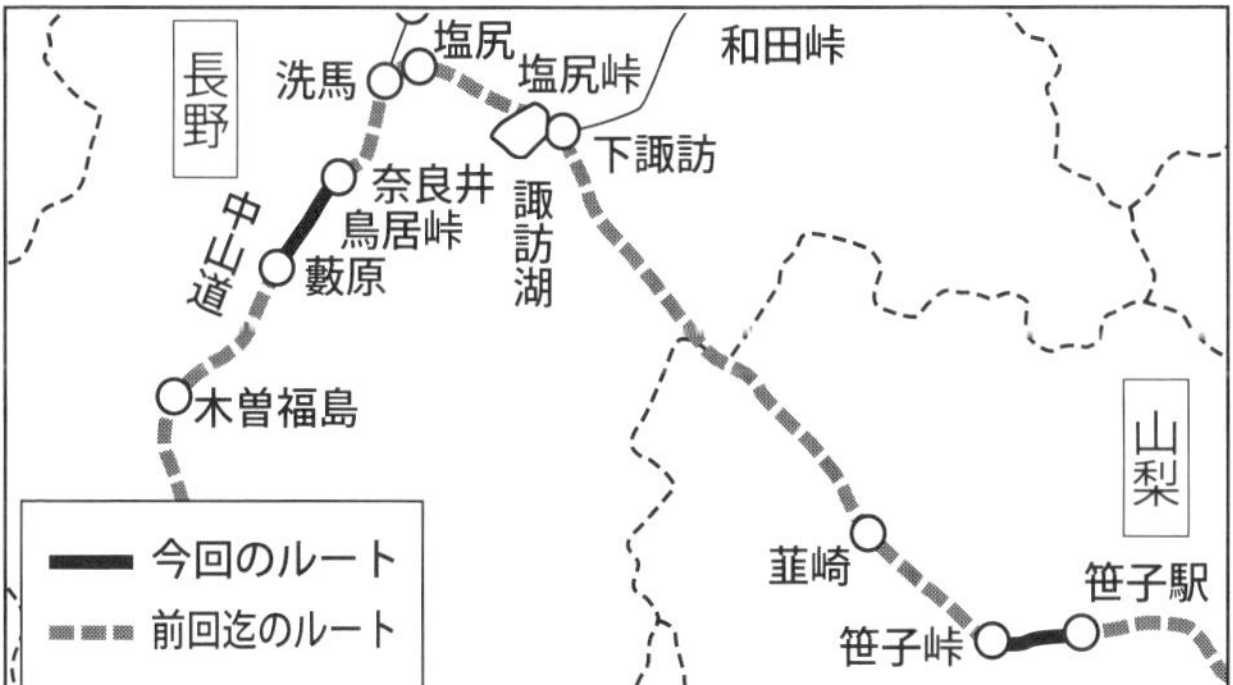

第10次　岡崎から静岡へ

平成二五年五月一五日。自宅を午前六時に出る。JR尾久駅を六時三〇分発の電車で上野駅に向かう。上野駅から東京駅、東京駅から東海道新幹線（ひかり四六一号）で浜松駅、ここで東海道線に乗換え、豊橋駅ここから名鉄名古屋本線東岡崎駅、また乗換えて今回の旅の起点岡崎公園前駅に着いたのが九時五五分。乗車時間約三時間半、乗車距離約三三〇キロ、交通費八七三〇円、乗換え五回はメモを持たなければ、初期高齢者（六五歳）の私にはままならぬ状況であった。

思えば第8次「名古屋から岡崎へ」（平成二四年一〇月三〇日〜一一月一日）の旅でここ岡崎公園前駅に来ている。さらに行程を逆戻りする形で第9次「笹子峠&鳥居峠」（平成二四年一一月一五日〜一六日）。初雪に映える紅葉を見ながら二つの峠越えを行った。そのあと雪の上は自転車では走れない。得意の「危険が

危ない」という理由で一二月から二月まで約三カ月間、冬眠することにした。三月には冬眠から目覚める予定だった。ところが目覚めが悪く、出発がずるずる延ばしになってしまった。〈**ずるずると予定を延ばし葉桜に**〉これは俳句ではなく、言い訳的散文である。

今回の予定は、一日目(五月一五日)は岡崎から赤坂・御油を経由して豊橋(泊)。二日目（五月一六日）は豊橋から新居・弁天島・舞浜・浜松を経由して掛川（泊)。三日目（五月一七日）は掛川から島田・大井川・小夜の中山を経由して静岡まで。二泊三日の鉄道営業距離約一二〇キロの新緑の旅である。五年前の「自転車で行く『奥の細道』逆まわり」の時は高齢者予備軍の六〇歳であった。今回は六五歳、法律上の高齢者に間違いなくなってしまった。問題は東海道の難所「小夜の中山」を越えられるか、どうかである。〈**遣れること遣っておこうか薫風裡**〉東日本大震災以降この思いが強まっていることは確かだ。私は退職後、身体に良いことも悪いことも何もしていない。運動はおろか散歩もしていない。動いているのは口先と胃袋。脳は寝たままの状態が続いている。〈**分類はなまけもの属蟇蛙**〉この句を褒めてくれた人はいない。

五月一五日（水曜日）晴。午前一〇時二〇分、岡崎公園前駅の広場で自転車を組み立て出発の準備完了。「さぁ、行くか」と思ったら、七〇過ぎのおじさんがこっちを向いて立っている。半年前に来た道ではあるが岡崎城に出る道に少し不安があったので訊いてみることにした。私「岡崎城に行きたいのですが、どう行けばいいですか」。おじさん、無言、考えているようす。私「あの道を……ですね？」おじさん「そうはいかない……すごく難しい……」私「……、じゃないですか」おじさん、急にそわそわ。このおじさん、どうやら私を「からかおう」としたらしい？　私が意外と土地勘あるのに驚いたようだ。そうだ、ここは徳川家康の誕生の地である。おじさんの影を見たら尻尾が揺れていた。狸だったのだ。**〈青すすき三河に今も棲む狸〉**ようは暇だったのだ。困ったものだ。私、この狸おじさんを睨んでやった。そうしたら風が吹いてきて、おじさんは風に乗って消えてしまった。お終い。数分で岡崎城前の国道一号線に出る。ここが今回の旅の起点である。**〈葉桜を吹きゆく風や城の跡〉**岡崎城は、今は綺麗に整備され公園になっている。前回ここは散策をしているので通過する。

天気も良い。道も良い。快調に自転車を漕ぐ。約二〇キロ走った。今日の見どころは、旧東海道の赤坂宿から御油宿の間にある御油の松並木である。さっきからきょろきょろ探しているのは、国道一号線から赤坂宿を通る旧東海道の入口である。そうこうしているうちに午後一時、岡崎から二三キロ、二時間四〇分。御油宿の松並木資料館に出てしまった。資料館には大きな松の切り株があった。切り株の写真を撮る。道を一つ挟んで音羽川が流れている。〈**切り株に往時を偲ぶ五月かな**〉〈**緑蔭や音羽川のさらさらと**〉松並木の赤坂宿よりの関川神社の芭蕉句碑を見たいので、旧東海道を御油宿から赤坂宿に戻る。途中六〇〇メートルの松並木があった。これが「御油ノ松並木」である。当時の面影を残す建物は殆ど残っていない。弥次喜多茶屋があるが古いものではなそうだ。ここは十返舎一九『東海道中膝栗毛』で弥次さんがキツネと間違えて喜多さんを縛った舞台でもある。〈**弥次喜多の話に笑ふ夏の雲**〉暫く走り、松並木の陰で畑仕事をしていたおばさんに、関川神社への道を訊いた。このおばさん、すごくお洒落な恰好で畑仕事をしていた。もしかして、このおばさん、キツネかも？〈**蕉翁もキツネに出遭ふ驟雨かな**〉そんな思いのする松並木であった。前方を一〇人くらいの散策の人が見える。〈**嫁入りの狐の列か百合匂ふ**〉馬鹿な妄想に取り憑かれてしまった。間もなく芭蕉句碑のある関川神社に到着。芭蕉の〈**夏の月御油より出でゝ赤坂や**〉の句碑は樟と椋の大木の下にあった。この句は芭蕉の三六歳の作と言われ、赤坂と御油の間は東海道で一番短い一六町（約一・七キロ）であり、その短さを詠ったものである。私は〈**緑風や旅のつれづれ芭蕉句碑**〉と詠う。また「御油ノ松原」を次のように詠った。

松葉散るだらだら坂を登りけり
思ひみな一直線や夏木立

関川神社の芭蕉句碑
「夏の月御油より出でゝ赤坂や」

関川神社から旧東海道を松並木資料館の方に引返し国道一号線に出る。午後三時一五分、豊橋駅に近いビジネスホテル到着。本日の行程を終了。六カ月振りのサイクリングは草臥れた。本日の走行距離三八キロ。〈**心地好く疲れて眠る夏初め**〉おやすみ。

五月一六日（木曜日）晴。本日の予定はここ豊橋駅東口のビジネスホテルを出発して、浜名湖の新居関所、弁天島を経由して天竜川を渡り掛川までの、鉄道の営業距離で約六〇キロの旅である。〈**対岸に見ゆる天守も夏霞**〉吉田城である。良い景色である。通勤の自転車が忙しく走っている。〈**緑風に吹かれて橋に暫し立つ**〉予定通りにいかないのが今回の旅の面白さである。しかし自転車の旅に慣れてきたせいか〈**顔も手も日焼けしてゐる旅の駅**〉だんだん句もぞんざいになる。芭蕉の『野ざらし紀行』も『更科紀行』も『奥の細道』ほど、実体験に基づくリアルな旅の描写はない。あるのは芭蕉の旅における心のありようの変化である。つまり芭蕉は旅路の心境を私たちに伝えようとしている。自然と触れ合った時の心の変化、思いを詠いとめるのが俳句である。「さぁ、出発」午前八時である。まず国道一号線を走る。国道である。そんなに面白い風景がいつもある訳でもない。淡々と走る。

まず目指すのは新居関所である。〈**旅にして男の汗を匂はする**〉国道一号線から新居関所に出るのに都合の良そうな県道三号線に岩下という所から入る。これが問題発生の起因だった？〈**この時は何も分からず初夏の旅**〉ということか。多少、道に起伏はあるが国道に比べれば静かで走り易い。午前九時四五分、一四キロ走って道は愛知県豊橋市から静岡県湖西市に入る。湖西市、浜名湖の西ということか。さらに一一キロを走り午前一一時、新居に着く。新居は関所、今切渡船の機能を持つ宿場であった。常夜灯や昔の建物も少しは見られる。全国に五〇以上あった関所のうち、当時の建物が見られるのはここ新居関所だけだそうだ。国の特別史跡でもある。暫時、休憩する。二人の庭師が松の手入れをしている。即座に〈**松手入れ庭師の老いもそれぞれに**〉と詠む。「うむ。松手入れは秋の季語だ。歳時記と合わない？」そう、世の中は思った通り動いていないのが世の常である。〈**薫風や庭師の老いもそれぞれに**〉と詠み直す。さすが私は「一流の

新居関所

俳人？」である。対応が素早い。そういえば「腹、減った」。**〈空腹も生きる証しか草茂る〉**駐車場も広いし、連休明けで人もいない。良い休息がとれた。**〈自由とは空を飛び交ふ夏燕〉**まず国道一号線を弁天島に向かう。道の流れで右折する。道はやや下りで追い風、快適、なんの疑問も持たなかった。途中に鰻屋がある。ここは浜名湖である。**〈鰻屋のうの字の長き夏初め〉**鰻が食べたい。しかし標識がおかしい。豊橋・名古屋に向かっている気がする。午前一一時五〇分、観光農園（イチゴ狩り）に止まっていた車の人に道を訊く。指差して「私たち名古屋から来た」という。私、愕然とする。逆戻りをしていた。道はやや上り、向い風、気分最悪。一二時一〇分、やっと国道一号線と新居宿入口の合流部に戻る。**〈何でまぁ何でこうなる暑さかな〉**半ば以上、自棄っぱち。気分はこの通りであるが思いが詩に昇華し切れなかった。人間としての修行不足か。**〈座禅でも組んでみようか初夏の空〉**距離七キロ、時間五〇分のロスであった。弁天島、遠州灘を見ながら先を急ぐ。**〈緑蔭や弁天島の女どち〉〈夏日差す遠州灘を遠く見る〉〈浜名湖の鰻も食はずただ走る〉**俳句は記録という人もいる。俳句は詩的記録である。こんなものではないはずだ。私の祖父（大竹孤悠、俳誌「かびれ」を昭和六年に

創刊）に「記録の無き人生は砂漠なり」の言葉がある。〈**諭されて若葉の冷えが身に沁みる**〉

弁天島のさきの国道一号線と旧東海道の合流部に「遠州七不思議」のぽっちゃり顔の可愛らしい「浪小僧の像」がある。ここは舞阪松並木の外れであり、休息するのには良い場所であった。〈**涼風やぽっちゃり顔の浪小僧**〉〈**風涼し東海道の松並木**〉

浪小僧

暫く走る。午後二時過ぎ、浜松駅から数キロ離れた大柳という所のコンビニでアイスクリームを舐めている。「さて、出かけるか」と腰を上げたらスポークが折れていた。**〈又してもスポーク折るる薄暑かな〉**「あぁー、嫌になっちゃった、驚いた！」今日はアクシデントの重なる厄日である。**〈アンラッキー逢魔が時の木下闇〉**もう駄目！　どうしよう？　コンビニの女子店員に自転車店の場所を教えて貰う。**〈夕薄暑自転車店を探しけり〉**途中、二度三度、道を訊きながら自転車店に到着する。そこはバイク店と自転車店を一緒にしたお店である。年輩の店員、いくらか若い店主で店を切り盛りしているらしい。私「スポークが折れてしまいました」店主「どこから来たの？」私「東京です。今日は掛川まで行きます」店主「そりゃ、たいへんだ」店主・店員「これはおかしい？　この組み方ではスポークは折れてしまう」私「これは試行錯誤の結果でこうなりました」店主・店員「……？？？」店員、スポークの取替えを始める。力を入れ過ぎてスポークを折る。私、大丈夫かなぁ？　修理時間一四時四〇分から一五時一〇分までの三〇分。修理代一〇〇〇円。掛川までの道を教えてもらう。私「掛川まであと三〇キロはある。スポークが持つかな？」**〈心配をしても詮無し蚯蚓踏む〉**道は天竜川をさかのぼって行く。もうあとは体力に根性が勝てるかどうかである。さすが天竜川は広く大きい。新天竜川橋を渡る。〈**涼しさや天竜川の水飛沫**〉掛川に向けペダルを踏み続ける。ペダルを踏む。踏む。踏む。掛川城が見える。〈**黄昏や五月の城のシルエット**〉午後六時一五分、掛川駅南口のビジネスホテルに到着。所要時間一〇時間一五分・走行距離八六キロ。疲れた。何か見えない運命の中で、もがいていたような気がする。〈**蜘蛛の糸波乱の一日幕となる**〉おやすみ。

五月一七日（金曜日）晴。午前八時三〇分、掛川から小夜の中山峠、金谷、大井川橋、島田、静岡を目指す。今日で二泊三日の旅を終え東京へ帰る。小夜の中山峠・箱根峠・鈴鹿峠は険しさで東海道の三大難所といわれていた。さて、どうなるか、それが問題である。〈**新緑や掛川城の細身なる**〉掛川市に別れを告げる。国道一号線で日坂宿に向かう。暫く行くと旧東海道沿いに常現寺があった。立派な寺である。ちょっと見て素通り。〈**旅ひとりそっと踏み行く夏落葉**〉道がどんどん険しくなる。農家のおばさんに、小夜の中山公園入り口を訊く。手を休め、私の前まで来て道を教えてくれた。また坂の途中で会った農家のご夫婦もすごく親切だった。旅人へのいたわりを良く知っているのだろう。この一帯は茶畑である。〈**夏の蝶茶摘み終へたる山の里**〉登るにつれ景色はよくなる。この辺には句碑・歌碑が多い。芭蕉の次の句碑があった。

道のべの木槿は馬にくはれけり　　芭蕉
命なりわづかの笠の下涼み
馬に寝て残夢月遠し茶のけぶり

小夜の中山の芭蕉句碑
「道のべのむくげは馬にくはれけり」

小夜の中山公園には西行の「年たけてまた越ゆべしとおもひきやいのちなりけり小夜の中山」の歌碑があった。私〈**草茂る東海道を歩きけり**〉久延寺に午前一一時に着く。掛川から一六キロを二時間半も掛かっている。きつい登り坂だった。〈**峠越え夏うぐひすをつれづれに**〉名刹久延寺にも夜泣石（小石姫供養塔）がある。〈**露涼し泪の跡の夜泣石**〉

芭蕉は『野ざらし紀行』で「小夜の中山」を次のように記している。

久延寺「夜泣石」

二十日余の月、かすかに見えて、山の根際いとくらきに、馬上に鞭をたれて、数里いまだ鶏鳴ならず。杜牧が早行の残夢、小夜の中山に至りて忽驚く。

馬に寝て残夢月遠し茶のけぶり

当地で私は〈**夏あざみ命と言ふを思ひけり**〉〈**苔青し祈り捧ぐる夜泣石**〉と詠った。峠という字は山の上下と書く。息を切らせて坂を登ってきたので、今度は前につんのめるような下り坂である。ブレーキを掛けても止まり切れない。その私の自転車の目の前に、峠越えのハイカーが「自販機はどこにありますか」と声を掛けながら立ち塞がった。私「止まれない！」と大声を出す。ハイカー驚く。私、もっと驚く。危なかった！　さすが東海道の難所である。途中、東海道菊川坂（石畳）を通り、〈**緑風や東海道の石畳**〉〈**石畳竹の落葉を踏みにけり**〉と詠う。道は概ね下りである。「上り坂は地獄。下り坂は楽ちんである」大井川橋を渡る。さすが「越すに越されぬ大井川」である。川幅が頗る広い。〈**大井川五月の風のきら

菊川坂石畳

やかに〉〈薫風や昔を偲ぶ河川敷〉と詠う。

芭蕉は『野ざらし紀行』の中で大井川を次のように記している。

大井川越る日は、終日、雨降ければ、

秋の日の雨江戸に指おらん大井川　　ちり

馬上吟

道のべの木槿は馬にくはれけり

いろいろアクシデントは有ったが、無事、午後四時二〇分、静岡駅前に到着。静岡駅発一七時四七分の新幹線に乗り、東京駅に一八時四〇分に着く。一九時三〇分に帰宅。走行距離一四〇キロ。行程二泊三日。累計七八三キロ、一三泊二三日。次回は静岡から三島を目指す。あと東京まで二〇〇キロを切った。次回の静岡では、東良子さんとその俳句仲間が静岡を案内してくれることになっている。楽しみだ。

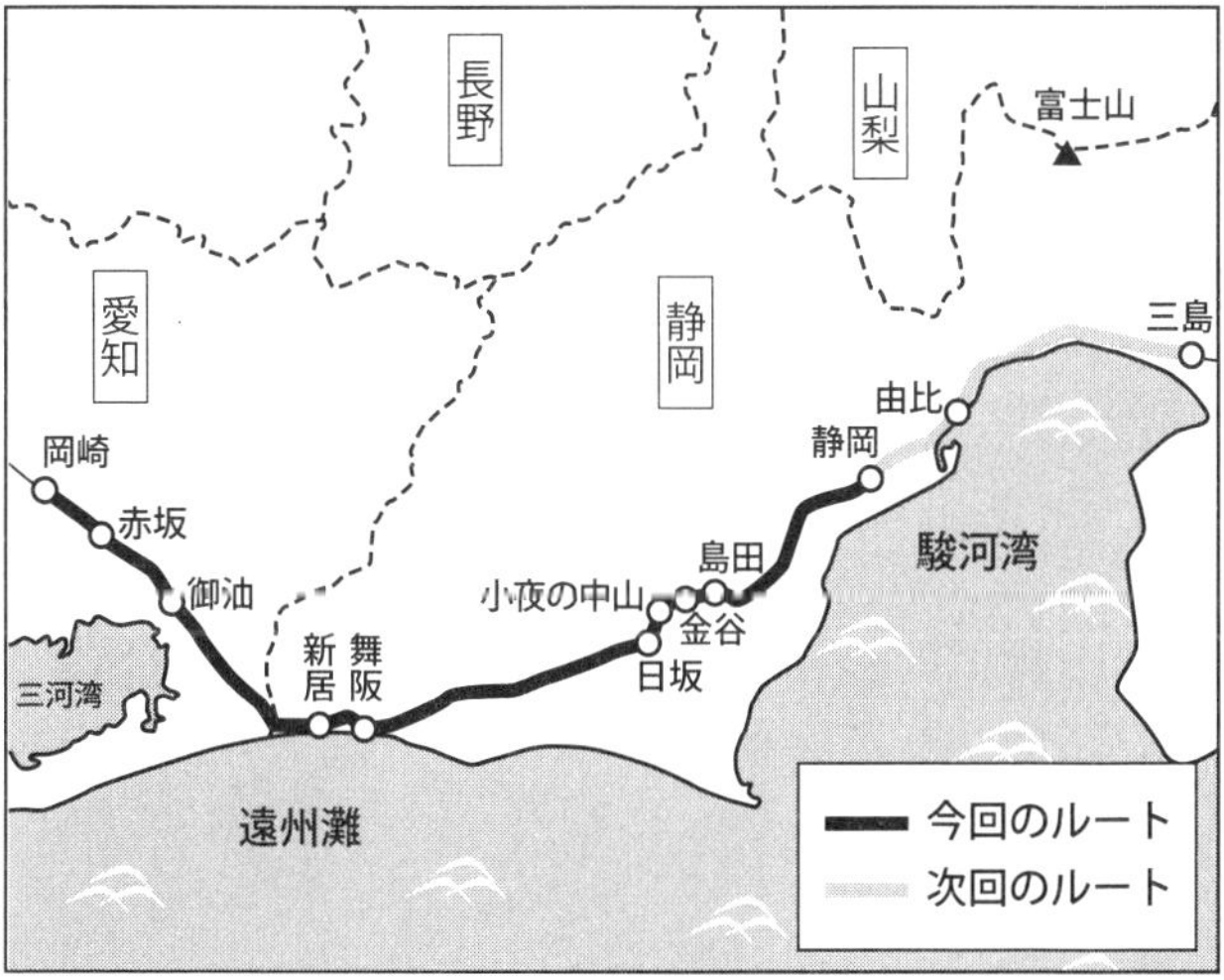
長野
山梨
富士山
愛知
静岡
三島
由比
静岡
岡崎
赤坂
御油
島田
小夜の中山
金谷
日坂
新居
舞阪
駿河湾
三河湾
遠州灘
今回のルート
次回のルート

第11次　静岡から三島へ

平成二五年六月一八日（火曜日）晴。自宅を午前六時に出る。〈**六月や街の雀の細身なる**〉JR尾久駅を六時二〇分に乗車、上野駅経由で東京発七時三分の「ひかり四六一号」に乗る。五年前の「自転車で行く『奥の細道』逆まわり」では主に高速夜行バスを使ったが、今は疲労によるアクシデントを避けるため、新幹線または在来線の特急を利用している。年金生活者の身に、新幹線代金、五九八〇円は痛い出費ではあるが、事故に遭うよりは良い。あれから五年の歳月は確実に心身の老化を顕著にしている。〈**心身を軋ませ歩く梅雨曇**〉〈**蟻と目を合わせて仕舞ふホームかな**〉いつもの「ボヤキ俳句」もやたら湿っぽい。〈**梅雨の冷え新幹線の椅子湿る**〉そうか、今年の梅雨入りは五月二九日である。平年に比べやたら早かった。〈**いささかの悔いもありたり梅雨の旅**〉いつも旅で気になるのは天候

である。まぁ、今回は大丈夫のようだ。

今回の旅の一日目は東良子さんと俳句仲間の小澤功始さん、村松忠治さんに芭蕉の縁の地を車でご案内していただくことになっている。東良子さんは静岡で「花と緑の俳句大会」の選者もしており「俳句は日本語を守る最後の砦」とおっしゃる方である。私の自転車では行けないような場所を回っていただけるので非常に楽しみにしている。二日目は静岡から興津・由比を通り富士川を渡る三島までの約七〇キロを自転車でひたすら走る。**〈楽あれば句（苦）もある梅雨のさ中かな〉**これは俳句ではない何時もの冗句《ジョーク》である。馬鹿なことを言っているうちに、新幹線は定刻の八時六分に待ち合わせの静岡駅に着く。**〈再会の歓喜に夏の飛燕かな〉**

明日のみは晴れよと祈る梅雨さ中　功始

梅 雨 雲 の 消 え 行 く 兆 し 大 井 川　多可志

さっそく本日の最初の吟行地島田市の「蓬萊橋」に向かう。車窓の風景の説明

を三人にしていただく。楽しかった。〈**夏草の風にそよりと駿河かな**〉

九時五分、大井川に掛かる長さ八九七・四二二メートル、橋の幅二・七メートルの木造歩道橋「蓬萊橋」に着く。時代劇の世界にタイムスリップしたような蓬萊橋は一九九七年一二月三〇日に英国ギネス社より「世界一長い木造歩道橋」として認定された。〈**これがまぁギネスの橋か梅雨の蝶**〉石のどっしりとした道標には「大井川河口より拾弐粁四百米」と刻まれている。〈**道標のなかなか読めぬ青葉寒**〉渡橋料金は中学生以上一〇〇円。今では少なくなった賃取橋として有名である。〈**百円を払って渡る橋の端**〉一休さんの作か？　いけない無季だ。〈**薫風や木の橋わたる大井川**〉今度はまとも過ぎた。吟行とはいえ、俳句は難しい。

橋番の小屋に立ち寄る白日傘　良子

とつとつと話す橋守り夏の萩　多可志

「箱根八里は馬でも越すが越すに越されぬ大井川」と歌われた長さ一六八キロの大河は赤石山脈に発源し静岡県の中部、駿河・遠江を流れ駿河湾に注ぐ。

蓬莱橋

木の橋の架かる大河や夏雲雀　忠治
鷺の目が水を貫く梅雨の冷え　多可志

さっそく橋を渡る。

蓬萊橋ど真中とぞ青嵐　良子
橋板にど真ん中とや夏雲雀　多可志

橋を散策している地元の人が、今年は雨が降らず川の水が少ないので、鮎釣りにならないと言う。

大河にきらめき返す鮎の影　良子
竿もたず川を見て居る鮎釣り師　多可志

ゆっくりと時間を過ごす吟行は楽しいもの。しかし〈**鮎跳ねて自由な時間すぐ終はる**〉直ぐに現実に引き戻されてしまった。この時の大井川・蓬萊橋の吟行の成果は次の通り。

大井川渡す木の橋風涼し　良子
一対の夏鴨を置き大井川
木賃橋渡る向かうは夏の森　功始
山裾の紫陽花旅に色添へる
水面のすれすれを飛ぶ夏燕　忠治
風そよと夏萩の咲く河川敷
寄り添うてそして流るる通し鴨　多可志
紫陽花の咲き疲れたる真昼かな

九時五五分、蓬萊橋から島田市博物館・島田宿大井川川越遺蹟町並の吟行・芭蕉の句碑巡りに向かう。一〇時一〇分に博物館前に着く。

芭蕉は東海道の上り下りの都度、島田宿の塚本如舟家を何度となく訪ねている。「駿河に蕉風（俳諧でさび・しおり・ほそみを主体とする芭蕉の俳風）なし」と言われた時分、芭蕉の俳句がいち早く島田には普及したのは如舟との関係にある。

島田市博物館敷地内に次の句碑があった。

ちさはまだ青ばながらになすび汁　芭蕉

五月雨の空吹き落せ大井川

博物館の句碑

建碑地は河原一丁目・博物館敷地内。「五月の雨風しきりに落ちて、大井川水出侍りければ、島田に留められて、如舟・如竹などいふ人のもとにありて」という前書きのもとにこの句碑には二句が併記されている。また博物館敷地内にはもう一つ次の句碑があった。

たはみては雪まつ竹のけしきかな　ばせを

私は芭蕉の句碑を見て即座に〈緑蔭や芭蕉の文字を目でなぞる〉と詠む。一〇時一〇分、隣接する島田宿大井川川越遺蹟の町並、川越会所などを吟行した。

緑蔭に老婆の憩ふ川会所　良子
苔のむす芭蕉の句碑や捩れ花　功始
川越の島田の宿や水打てり　忠治
緑風や猫の居眠る川会所　多可志

大井川川越遺蹟には往時の島田宿大井川の渡し場近くの町並と川越しを取り仕切る「川会所」や川越人足の詰所「番宿」があった。面白いのは川越賃銭（川札のねだん）がその日の大井川の水の深さで決まるということである。例えば股通（四八文約一四四〇円）～帯下通・帯上通・乳通～脇通（九四文二八二〇円）である。冗句《ジョーク》が一句できた。〈**水かさが命となり大井川**〉という時代であった。大井川は渇水であれば〈**空梅雨に砂漠めきたる大河かな**〉川越の往時を偲んで〈**今はもう知らない世界夏薊**〉と詠い留めた。川会所前に次の句碑があった。

馬方はしらじ時雨の大井川　芭蕉

建碑地は河原一丁目・川会所。

一〇時五〇分、島田市街にある芭蕉の句碑を見るために移動する。車は自転車より早く便利なのが良く理解できた。〈**蜻蛉生る芭蕉の句碑を巡りけり**〉さすが東さんは地元の俳人である。動きが実に素早い。〈**日傘差す使ひ分けたる動と静**〉

次の建碑地にもう着いた。

俳聖芭蕉翁遺跡塚本如舟邸址

やはらかにたけよことしの手作麦　如舟

田植とゝもに旅の朝起　はせを

元禄七年五月雨に降りこめられてあるじのもてなしに心うごきて聊筆とる事になん

建碑地は本通り三丁目・静岡銀行島田支店前。「駿河路や」の句碑は直ぐ傍にあった。

駿河路や花橘も茶の匂ひ　芭蕉

建碑地は本通り三丁目・島田信用金庫前。

島田市の芭蕉の句碑の全てを回り切ることは出来なかった。その他、市内には次の句碑がある。

五月雨の空吹き落せ大井川　芭蕉

この句には「大井川水出でて、島田塚本氏のもとにとどまりて」の前書がある。
建碑地は栄町・JR島田駅前銀杏の横。

宿かりて名を名乗らするしぐれ哉　芭蕉

建碑地は栄町・JR島田駅緑地公園内。このときの三吟三つ物は、如舟の脇〈**光をはなせ木がらしの月**〉、山呼の第三〈**鶺鴒や日の入かたに尾を振て**〉であった。

道のべの木槿は馬に喰はれけり　芭蕉

建碑地は金谷駅南・長光寺境内。『野ざらし紀行』の大井川と小夜の中山の間に出ており「馬上吟」の前書がある。

馬に寝て残夢月遠し茶のけぶり　芭蕉

建碑地は金谷駅より西へ、旧東海道を上る・牧の原台地を上りきった路傍。芭蕉の句碑は全国に約二四〇〇基以上あるらしい。凄い！〈**秋うらら芭蕉の知らぬ句碑ばかり**〉

一一時四五分、藤枝岡部の「玉露の里」で休憩をとる。ここに村越化石さんの句碑〈**望郷の目覚む八十八夜かな**〉がある。

茶の里の化石の句碑や遠河鹿　良子

ほととぎす鳴き渡りゆく岡部宿　功始

青葉寒化石の句碑のもの言はず　多可志

一一時五五分、宇津ノ谷に向かう。一二時三〇分に着く。宇津ノ谷は丸子宿と岡部宿を結ぶ東海道屈指の難所であった。時間から取り残されたような家並に往時を偲ぶことが出来る。**〈瀬の音の昂ぶる谷間ほととぎす〉**豊臣秀吉の陣羽織、徳川家康の茶碗のある御羽織屋を訪ねる。**〈戦国の武将がまざと青葉晴〉**この地には人食い鬼退治が由来の厄よけ団子で知られる曹洞宗慶龍寺、古寂びた許六の「十団子」の句碑がある。

許六の「十団子」の句碑

十団子も小粒になりぬ秋の風　許六
厄除けの十団子買ふ青葉の里　多可志
夏木立旅の疲れを癒す水
十薬やせせらぎ響く旧宿場

少々、遅くなったが昼食をとるために、丸子宿丁子屋に向かう。江戸の昔から旅人に愛された丸子名物と言えば丁子屋のとろろ汁である。江戸三大文化人の一人目は芭蕉である。**〈梅わかな丸子の宿のとろろ汁〉**と詠い弟子の乙州に送った餞別の句がきっかけで丸子宿の名物になったという。今でいう芭蕉は素晴しい天才コピーライターだったのか？　そこで一句**〈蕉翁はコピーライターとろろ汁〉**これは冗句《ジョーク》。二人目は十返舎一九である。『東海道中膝栗毛』の弥次さん、喜多さんの丸子のシーンにとろろ汁の話があり「けんかする　夫婦は口を　とがらして　とんびとろろに　すべりこそすれ」の狂歌がある。結局、二人は夫婦喧嘩に巻き込まれ、とろろ汁を食べられなかったようだ。**〈弥次喜多の食へず仕舞ひのとろろ汁〉**これも冗句《ジョーク》です。三人目は浮世絵師の安藤広重である。「東海道

丁子屋

五十三次」に「名物とろろ汁」の看板を立てた茶店が描かれている。このお店、テレビの「なんでも鑑定団」に東海道五十三次を出したそうだ。〈**自然薯はうなぎ上りに丸子宿**〉これも冗句《ジョーク》です。

普段、真面目な堅い俳句を作る私には冗句《ジョーク》を作るのは草臥れる。もう止めた。〈**暑き日はとろろの如くクタクタに**〉またやってしまった。癖になりそう。

一四時五〇分、芭蕉とは特に関係ないが、徳川家康が今川氏の人質として、晩年は大御所として暮らした駿府城に寄ってもらう。〈**鷹狩りの家康像の夏日かな**〉前回、岡崎城に立ち寄ったのでここにも来てみたかった。〈**それだけの事かも夏を記憶する**〉一五時二〇分、本日の最後の吟行地の日本平に向かう。

一五時五〇分、日本平の展望台に着くが、残念、富士山は見られなかった。そういえば『野ざらし紀行』に〈**霧しぐれ富士をみぬ日ぞ面白き**〉の芭蕉の句がある。芭蕉に対抗する気はさらさらないが〈**梅雨霞み日本一の富士みえぬ**〉あぁ、芭蕉は偉大だなぁ！　一五時五〇分、日本平ホテルでコーヒータイム。富士山は残念ながら見られなかったが、清水方面の海を見ることができた。俳句のことなど、たわいも無い話は楽しいものだ。〈**たわいも無き話の弾む梅雨薄暮**〉

明日のこともあるので、一七時三〇分に静岡駅前のビジネスホテルに戻る。一時間後、駅ビルの酒場に集合することになった。激励会か、歓迎会か分からぬ乾杯で大いに盛り上がる。〈**乾杯のビールを高く二度三度**〉楽しい一日だった。〈**ありがとう心の籠もるおもてなし**〉これは冗句《ジョーク》ではなく本気です。東良子さん・小澤功始さん・村松忠治さん、ありがとうございました。〈**明日は又ひとり旅なり梅雨さ中**〉お休みなさい。ばたんきゅう。

六月一九日（水曜日）晴。静岡駅前のビジネスホテルを八時一〇分に出発。東海道（国道一号線）を清水・興津・由比・富士川・沼津・三島までの約七〇キロのロードである。どちらかといえば海岸沿いを走る。多少のアップダウンはあろうが、今までのような山道ではない。主に市街地を走ることになる。少しは楽かも知れない。これが油断だった。そんなに楽ができる旅ではなかった。とにかく朝から夕方まで走る・漕ぐ・走る・漕ぐの繰り返しには違いないのだ。余り記憶に残らない道だった。車がビューンビューン走っている。また得意の「危険が危ないなぁ」と思いながら走っていた。一〇時四五分。後ろから「そこの自転車、ここは自転車、通れませんよ」とスピーカーの声が響く。一瞬、何が起きたか分からなかった。後ろを振り向いても自転車はいない。私ひとりだ。「その自転車」はどうやら私のことらしい。道路脇に自転車を止める。グレーの車が後ろから来る。車の屋根に赤色灯が付いている。覆面パトカーらしい？　大きな女性警官が降りてきた。「逮捕されるのかなぁ？　怖い！」女性警官「どこから来たの？」「どこへ行くの？」私「静岡から三島まで」私「どうすれば、いいですか」。女性警官、道を教えてくれようとしているのだが、どの道を行けば良いのか、良く分からないらしい？　男性警察官が覆面パトカーから降りてきた。私の道路地図では分からなかったが、前方のJR東海道線の踏切を渡って、旧東海道を行けという事らしい。危険で危ない道路から出ると、そこは由比町西倉沢の一里塚の跡だった。ここまで二時間三五分で一九キロを走ったことになる。由比は日本一深い（二五〇〇メートル）駿河湾の育むさくら色に輝く海の宝石「桜えび」で知られ、漁期の春と秋の「桜えび天日干し」は当地の風物詩となっている。どうやら興津あたりでバイパスに迷い込んだらしい？　危ないところだった。〈**青葉風由比の浜辺にたどり着く**〉たどり着く、これは実感だ。

富士川を目指す。油井から一三キロ。一一時三五分、富士川橋を無事に渡る。良かった！『野ざらし紀行』に次の文章がある。

富士川のほとりを行に、三つ計なる捨子の哀気に泣有。この川の早瀬にかけて、うき世の波をしのぐにたへず、露計の命待まと捨置けむ。小萩がもとの秋の風、こよひやちるらん、あすやしをれんと、袂より喰物なげてとほるに、

猿を聞人捨子に秋の風いかに

いかにぞや、汝、ちゝに悪まれたる歟、母にうとまれたるか。ちゝは汝を悪にあらじ、母は汝をうとむにあらじ。唯これ天にして、汝が性のつたなき〔を〕なけ。

「無常迅速」の言葉がある。人の世の移り変わりがきわめて早いこと。「無常迅速也、生死事大也、暫く存命の間」。芭蕉の俳句の根底にあるのは無常と私は思っている。東日本大震災以降、明日は何があるか分からない。今日やる事は今日

259

やると思ってもそれが出来ない事情もある。**〈万緑や煩悩いまだ断ち切れぬ〉**を**〈万緑や重み幽かな翳り曳く〉**と推敲した。推敲・自選は難しいものだ。

一五時〇〇分、三島駅に着いた。静岡駅から六時間五〇分、六六キロ。今日も良く走った。三島駅発一五時五六分、東京駅着一六時四〇分、ひかり四七〇号、四二〇〇円。一七時三〇分自宅に無事到着。終わった！

走行距離六六キロ。行程一泊二日。累計八四九キロ、一四泊二五日。次回は天下の険「箱根」越えである。あと東京まで一五〇キロを切った。

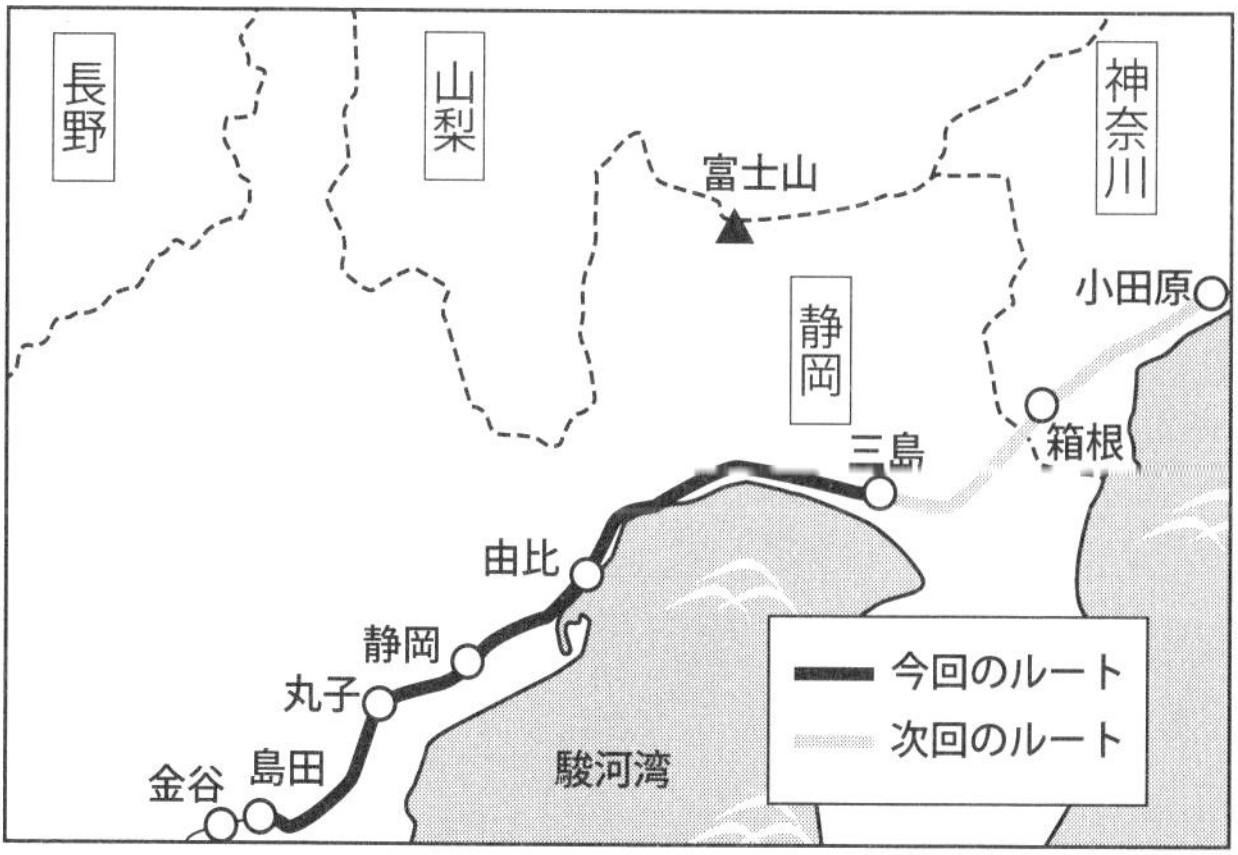

第12次　三島から小田原へ

平成二五年七月三〇日（火曜日）晴。自宅を午前五時四五分に出る。ＪＲ尾久駅・上野・東京を経由して七時五三分に新幹線三島駅に到着。自転車を組み立てる。朝からかなりの蒸し暑さだ。前途多難の兆し。〈**風死すや三島大社に祈りたく**〉の心境。本日の予定は三島駅から国道一号線上（東海道）の山中城跡を経て箱根峠（八四一メートル）を上り箱根駅伝のゴール箱根町に出る。元箱根を経由して甘酒茶屋・寄木細工の畑宿を通り、正眼寺の芭蕉の句碑を見て小田原駅に出る。極端にいえば上り二〇キロ下り二〇キロの東海道一の超難所「箱根峠越え」である。〈**どうなるもこうなるも無し朝曇**〉さぁ、行くか。大事なことを一つ忘れていた。この難所を気遣ってくれた俳句仲間の山形保紀さん、井上千代子さんの二人が車で伴走してくれることになっている。『奥の細道』では曾良が『奥の細道随行日記』

を遺しているが、今回は保紀さんがメモ（「野ざらし紀行逆まわり」箱根同行記）を書いてくれたのでそれを掲載して紀行文にリアリティを持たせることにした。

六時三〇分〔山形メモ〕　海老名市の我が家を出発する。
六時五五分〔山形メモ〕　海老名ＩＣ乗る。

八時一五分。私、三島駅を出発する。天候は曇りかなり蒸し暑い。〈**もう既に心の負くる溽暑かな**〉なぜか弱気。もう駄目！

八時二〇分〔山形メモ〕　沼津ＩＣ降りる。
八時三〇分〔山形メモ〕　伊豆縦貫道路経由国道一号線で市山新田の富士食堂駐車場で主宰からの連絡を待つ。寛いでいただけるように車を開け放ち車内の温度を下げる。

八時四〇分。私、国道一号線に出る。三島駅から三キロ。少し行くとバイパス

箱根路

に突き当たる。迂回路を探し箱根峠を目指し上る。目の前に大きな「箱根路」の道標が現れる。ここからが箱根路か？　今までのはただの道路か？　もう早くも訳の分からぬことを口走る。もの凄く暑い！　すでに疲れている。**〈箱根路の大きな文字や夏日差す〉〈真夏日を総身に浴ぶる箱根かな〉**ものすごい急勾配の登り坂だ。**〈一漕ぎの重き自転車朝曇〉**

八時五七分〔山形メモ〕　主宰からＴＥＬあり、「現在谷田」とのこと。富士食堂まで一・二～三キロ？　千代子さんと徒歩で迎えに出る。旧道に入ったらしく一号線には見当たらず、引き返す。自転車で登ってきた若者に「どこから来たか、何分かかったか、小さな車輪の自転車を見なかったか」などを訊く。「三島大社から一五分、小さな自転車は見なかった」という。ここから携帯で連絡を頻繁にしたが、お互いにうまく電話に出られず、愛車でもう一度捜索に出たり地図を見たり……。お互いに自分がどこにいるかが理解できず、やり取りがちんぷんかんぷん。「忙中閑あり」で、この間、無花果や虫の産卵を撮る。

九時四五分。私、いよいよ登りの本番である。自転車は急勾配のため最初から漕げない。自転車を押す、押す、押す。水をがぶがぶ飲む。〈**胃の底にぽちゃぽちゃ金魚の泳ぐ音**〉これ冗句《ジョーク》。

一〇時〇〇分。私、三島駅から七キロ地点の箱根石畳付近で迎えに戻ってくれた保紀・千代子サポート隊とすれ違う。その後、合流。会えて良かった！　〈**涼風と言ふ安心の刹那かな**〉

一〇時〇〇分〔山形メモ〕ほぼ一時間後、〇・六キロ下の塚原交差点で主宰発見。

冷たい水、お絞り、アイスクリームなどで正気にもどってもらった。中休止〔二五分〕後、自転車、荷物を車に預け、主宰は徒歩でスタート。千代子さん（八〇歳）が同行。

一〇時二〇分。三島駅から八キロ地点の市山新田で自転車を捨てる。〈**もの言ふと心の渇く盛夏かな**〉千代子さんが私と歩き始める。快調に私を追い掛けてくる。負けそう！　負けたらもう恥ずかしくって句会に出られない。何せ彼女は八〇歳、それに六五歳が負けそうなのだ。〈**口渇く炎暑の道をひた歩く**〉

一〇時二五分〔山形メモ〕鉄工所の前で休んでいると、そこの社長さんらしき人が「いかがしましたか」と訊いてきた。「すみません、すぐ出ます」、「いや何かお困りでは？」と。

優しい社長さんに、旧道の方がいいことを教えて貰う。出発。主宰に千代子さんが同行。車は先回りして、道を確認し、的確な進路を見つけ主宰に報告する。主宰、かなりばてている？

○○時○○分。私、〈**ばてばての箱根急登炎天下**〉迷句？　もう駄目！

一一時一一分〔山形メモ〕先回りして名前が「坂」という小学校前で、夏休みで学校のプールに来ていた生徒たちと話しをしていると、坂をゆっくりゆっくり、頭にタオルを巻いた二つの影が登ってくる。お疲れ様。ここで四人のお嬢さん（小学生）といろいろとお話しをして英気を養う。

○○時○○分。私、夏休みで小学校のプールに来ていた小学高学年の生徒の二の腕をいきなりピシャリと叩く。暑さと疲れで遂に発狂か？　生徒「ヒャー」と可愛い驚きの声を上げ仰け反る。私、手のひらを開く。大きな蚊が圧死していた。一同納得。〈**風涼し少女の腕の伸びやかに**〉〈**蚊を打つと寂しさ見ゆる掌**《たなごころ》〉〈**打ちし蚊の鮮血のこる片陰り**〉〈**憎き蚊の成仏ねがふ峠越え**〉何でも五・七・五にはなるものだ。

一一時三〇分。私、坂小学校前を出発。二人で暫くいろいろ話しをしながら歩く……？　千代子さんが突然転倒。顔面を強打。「わたしお嫁にいけない？」そんなことは言わなかった。急ぎ、保紀さんに緊急連絡。Ｓ・Ｏ・Ｓ！　千代子さん曰く「何でもない所で転んでしまった」今までの八〇歳の若さと自信を喪失か？

一一時五八分〈山形メモ〉先行して二人を待っていると、主宰から着信。「千代子さんが転んだ。すぐ引き返してくれ。」。緊迫、急ぎ、すぐ引き返す。近所の親切な方の介抱を受け、顔を氷で冷やしていた。まだまだ歩けそうではあったが、車に戻って貰う。とうとう主宰も、出発して二〇分も歩けず、ギブアップ？　三ツ谷（みつや）新田の「こわめし坂」で小休止。近くには句碑や祠など歴史的な一見すべきものはあったが、「見よう」という声が出ない。上りの中間点、山中城跡に向かう。途中でとうとう、さすが意志の強い主宰も天下の険「箱根」の上り坂の厳しさと、猛暑には勝てず車の後部座席に無言で坐る。主宰、唇を嚙み締めている。

〇〇時〇〇分。近くに「箱根旧街道」の案内板があった。ここがどの様な場所なのか、メモをしておいた。文面は次の通りである。

「慶長九年（一六〇四）江戸幕府は江戸を中心として、日本各地へ通じる五街道を整備した。中でも江戸と京都・大阪を結ぶ東海道は一番の主要街道であった。この東海道のうち最大の難所が小田原と三島を結ぶ、標高八四五メートルの箱根峠を越える箱根八里（約三二キロ）の区間であり、箱根旧街道とよばれる。

現在、この区間の車道の最大勾配（傾斜）は一二パーセントだが、この道は平均二〇パーセント、最大四〇パーセントなので大変な急坂であったことがわかる。ローム層の上で大変滑りやすい道なので、延宝八年（一六八〇）頃には、宿内を除くほぼ全線が幅二間（約三・六メートル）の石畳に改善された。その他街道整備として風雪をしのぐための並木敷や、道のりを正確にするための一里塚がつくられた。

参勤交代や伊勢参りなど、旅が恒常化するとともに賑わった旧街道も、明治二二年（一八八九）東海道線の開通や、大正一二年（一九二三）、国道一号線の敷設によって衰退した。

ここ下長坂は別名「こわめし坂」ともいう急勾配で、背に負った米を人の汗や蒸気で蒸されて、ついに強飯のようになるからだという。
平成九年一〇月　三島市教育委員会」

一一時三〇分。私……**〈残念の唇を噛む暑さかな〉**もう参った！

一二時四四分〈山形メモ〉山中城跡に到着。この城は北条氏康が小田原城防衛のために築いた典型的な山城であるが、秀吉の北条氏討伐の戦いで、わずか半日で落城してしまったとか。その時、車から降りようとした主宰の足が攣り動けない。「いた～い」を繰り返す。

千代子さんの「触らないほうがよい」という判断でただ見ているばかり。やっと足の痛みが治まり動けるようになった主宰が水道の水を頭から被る。大きな山百合がたくさん咲いていたので記念撮影。

〇〇時〇〇分。私、山中城跡に到着。水をがぶ飲み。頭から水道の水を被る。大振りの山百合がだいぶ咲いていた。それは覚えている。**〈山百合の香に蘇生す**

る思ひかな〉〈水道の水じゃぶじゃぶと涼をとる〉あぁ、しんど！〈**落城の悲話を聞きたり夏木立**〉

一三時〇〇分ごろ〔山形メモ〕車に乗れば早い。すぐに芦ノ湖へ。湖畔の蕎麦屋で昼食。高級レストランで豪華な昼食と思ったが、主宰の疲労困憊の胃は「ざる蕎麦」しか受け付けない。ざる大盛一丁。でも凄い！　大盛りだ。主宰、まだまだやる気らしい。

空蟬の飴色を透く朝日かな
山神を祀る祠に夏の露
玉虫が視界を過ぎる真昼かな
山蟻の背のてかてかと油照り
真夏日をまともに受くる真昼かな
日盛りや越ゆる峠のまだ見えぬ
落城の血と汗にほふ溽暑かな
風死すや落城の文字濃く見ゆる
火口湖の目に突き刺さる西日の矢
敗残の重き身の影つくつくし

○○時○○分。私、大盛りのざる蕎麦を食べ終る。〈**大盛りのざる蕎麦を食べて出発だ**〉小学生の俳句の選句をすると、よくこのような句に出合う。気分はその通りである。〈**蕎麦食うて炎暑の道に一歩でる**〉あまり変わらないか？　箱根町の蕎麦屋を出発。箱根恩賜公園から元箱根までの約五〇〇メートルにわたって、杉約四二〇本が残っている。〈**汗拭ふ杉の並木の鬱葱と**〉杉並木の手前が旧箱根宿で箱根越えの拠点として賑わった。箱根関所は小学校の社会科で習った「入鉄砲出女」を厳しく取り締まった番所である。〈**出女と見まがふ人の白日傘**〉旧東海道を走る。数分後、甘酒茶屋に到着。車は早い！〈**文明の利器に戸惑ふ蟬時雨**〉

箱根　杉並木

一三時五〇分。私、ここで仕切り直しをする。再び自転車で甘酒茶屋を出る。ここから小田原駅前まで約一五キロの下り坂である。〈**ひぐらしを涼しく聞いて茶屋を出る**〉二人は暫くお茶をするらしい。いいなぁ！　私は「七曲り」という急坂、急カーブの箱根最大の難所を真っ逆さまに下るというより落ちていく。〈**鳥肌の立つ奈落へと落ちて行く**〉これでは無季か！　それでは〈**奈落へと鳥肌の汗ひえびえと**〉これでどうだ。駄目か？　木の密生する暗い道は真夏とはいえない異様さがある。まるで奈落への細道だ。〈**木の瘤の妖しき笑ひ霧の夏**〉どこかで聞いたような句だ。先師の句に似ている？

一四時〇五分。私、甘酒茶屋から四キロ、約束の待ち合わせ場所の寄木会館駐車場に到着。自転車のリムに触ってみる。あちち！　熱くて火傷をしそうだ。リムが焼けると熱でブレーキが利かなくなる。危なかったのかもしれない？　駐車場の邪魔にならない場所に移動しようと自転車に乗ったら後輪がガタガタしている。パンクだ。下り坂の途中でなくってよかった。〈**今更の恐怖に夏の寒さかな**〉山形さんに電話をいれる。

一四時一一分〈山形メモ〉東海道旧道の「甘酒茶屋」で、元気を取り戻した主宰は車から自転車を降ろして「畑宿」の寄木細工店に向かう。千代子さんと甘酒茶屋で久し振りの心太に舌鼓を打つ。

一四時三〇分〈山形メモ〉茶屋を出てすぐ主宰から着信。〈パンク、寄木細工屋で待っている〉それ急げとは言え急坂、安全運転で急ぐ。

主宰と合流。主宰の無事を確認。しばらく展示の寄木細工を見学する。芭蕉の〈**山路来て何やらゆかし菫草**〉の句碑のある正眼寺に向かって下る。

○○時○○分。私、もう午後三時を過ぎている。こんな所に自転車店があったらそれこそ不思議だ。本日の自転車走行をここで諦める。残念・悔しい。しかし、心の隅でどこか少し安心もしている。〈**裏腹な人の心に蛇が棲む**〉とにかく無事で良かった。

一五時一五分〈山形メモ〉正眼寺到着。句碑を探したがなかなか見つからない。やっと見つけた句碑の碑面が摩滅して「芭蕉翁」という字と、最後の「……ゆかし菫艸」

という文字のほかは読み取れない。「この句は『野ざらし紀行』の中で詠まれた句で、京都から大津へ向かうときの作とするのが通説である。しかし、『類柑子』という句集では『箱根山にて』という詞書を採用しており、この碑はこの異説に基づいて建てられたものと思われる」という解説書がある。

正眼寺の芭蕉句碑
「山路来て何やらゆかし菫草」

○○時○○分。私、正眼寺に芭蕉の〈**山路来て何やらゆかし菫草**〉の句碑あれば〈**ゆかしとは人のまごころ夕の蟬**〉……芭蕉の爪の垢を煎じて飲みたい。「反省だけなら猿でも出来る」か。〈**涼風や心たいらに芭蕉句碑**〉

一五時一九分〔山形メモ〕主宰をお別れの小田原駅へお送りする。主宰、ほんとにほんとにお疲れ様でした。

旅疲れ峠の茶屋の一夜酒
畑宿の寄木細工や蟬時雨
行く夏や芭蕉の句碑の正眼寺
箱根路やぽろぽろぽろと降る百日紅
この道の果てに何ある晩夏かな

○○時○○分。私、「戦い済んで日が暮れて……」これまでの旅の中で過酷で最も衝撃的な一日だった。〈**黒揚羽挫折の文字が目を覆ふ**〉しかし、この旅を諦めた訳ではない。一六時三〇分、東海道線下りに乗る。一八時三〇分、自宅に無事到着。山形さんと井上さんには大変お世話になった。〈**涼風や俳句仲間と言ふ縁**〉お二人の俳句を見てみよう。

炎天や東海道の坂がかる　井上千代子
自転車の箱根越えとや炎天下
旧道の身に傾れくる夏の草
転倒で齢を悟る炎暑かな
蟬啼くや古刹に探す芭蕉句碑
幾たびも鳴るケータイや夏の坂　山形保紀
炎日や師の痙攣を如何にせむ
熱風や師より預かるヘルメット
パンクして畳む自転車雲の峰
函嶺を降りて涼しき芭蕉句碑

走行距離一一二キロ。行程一日。累計八六一キロ、一四泊二六日。次回は小田原から横浜を目指す。東京まで一〇〇キロを切った。

炎天下箱根峠が越えられぬ

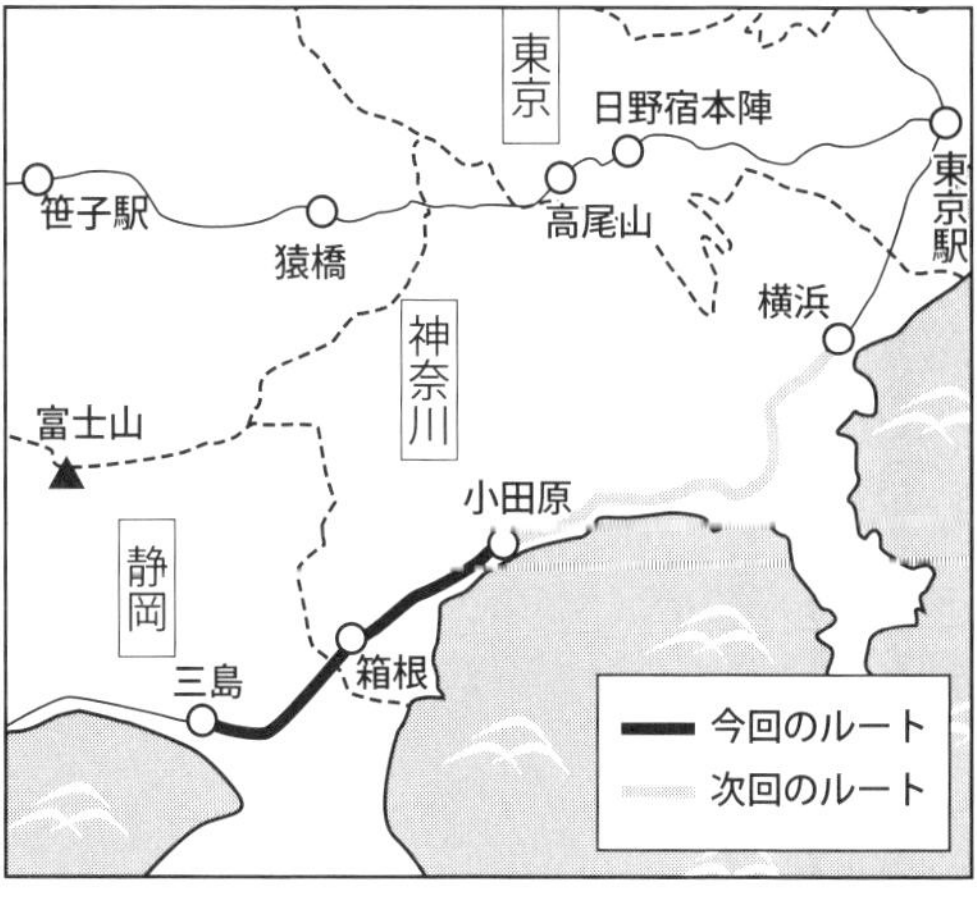

第13次　小田原から横浜へ

平成二五年一一月九日（土曜日）晴。自宅を午前六時に出る。この旅もいよいよ大詰めである。〈**旅に出る十一月の未明かな**〉今回は箱根の登り口小田原から、みなとみらい21また外国の大型旅客船の入港する横浜までのＪＲ営業距離で約五五キロの自転車走行である。途中、見るべきものといえば、西行ゆかりの鴫立庵ぐらいで、あとは東海道（国道一号線）を相模湾沿いにひたすら走ることになる。道も前回の箱根越えのような急峻さはないと思うがそれなりのアップダウンは覚悟している。ここは正月の恒例行事「箱根駅伝」の舞台でもある。この旅の終盤のせいか、少し気負っているのが自分でも分かる。〈**駅頭にひとり立ちたる寒さかな**〉いつものＪＲ尾久駅より上野、東京を経由して午前八時少し前に小田原駅に着く。東京より少し寒く曇っている。〈**着古しの紺のジャンパー襟立つる**〉

駅前の目立たぬビルの前で自転車を組み立てる。**〈人の目の気になる朝の冷気かな〉**冷気は季語かな？　「冷たし」は冬の季語。「冷やか」は秋の季語。冷気を『広辞苑』で引くと、ひんやりとして冷たい空気とある。さらに冷たいを『広辞苑』で引くと温度が低く、ひややかに感ずる。ひややかである。つべたい。(季冬)とあった。『歳時記』では「冷やか」は秋の季語である。『広辞苑』と『歳時記』に整合が取れていない。**〈日本語に不可解があり冬うらら〉**座五が違う。今はうすら寒いのだ。**〈日本語に不可解がありうすら寒〉**季語「うすら寒」は秋季である。**〈日本語に不可解のある寒さかな〉**でどうかな？　私の俳句の師小松崎爽青は「『歳時記』にも五パーセント程度の誤りがある。俳句は眼前の事実を実感で詠うべきだ。これが真実である」と言う。なるほどと思っている。しかし、自分自身を信じられない人、それはもう諦めなさい。駅前で一人漫談をやってしまった。

午前八時二〇分、小田原駅前を出発。**〈この旅の無事を祈るも冴え冴えと〉**国道一号線の交差点に出る。道路標識に日本橋八四キロ・東京八七キロ・横浜五五キロ・平塚二二キロとある。午前八時三二分、歩道上の歩道橋の柱の陰からおばちゃんのチャリが目の前に現れる。私は左折、おばちゃんは右折である。私、両ブレーキをぎゅぎゅと握る。ずーずーとタイヤが音を立て自転車が止まる。おばちゃん、まだ止まらない。おばちゃん、空を見ている。私の存在に気付いていない。完全に余所見だ。おばちゃん、私にやっと気付く。気が付くと双方の自転車の前輪の間隔は三〇センチもなかった。流行語「じぇじぇじぇ！」の世界である。「危険が危なかった」おばちゃん、一言「すみません」と言い悠然と立ち去る。**〈真昼間に暗闇を見る冬の街〉**これでは事実が読み手に伝達されない。**〈衝突の恐怖に髪の凍り付く〉**これで、どうだ！　まるでバナナの叩き売りである。時事俳句は難しいものだ。先師小松崎爽青は、季感詩俳句は事実の報告、説明ではない。自分の思いを十七音に込めて詠うものだと言っていた。

小田原駅から東海道を二キロぐらい走ると酒匂川に出た。西湘バイパスに架かる西湘大橋が見える。ここは酒匂川の河口であり景色が良い。**〈潮騒も潮の香もする冬日和〉〈冬日差すゆったり動く相模湾〉**天気も持ち直してきた。東海道を歩くご夫婦に会う。サイクリストを含め土日休日の東海道は賑やかである。「こんにちは」と挨拶をすればもう旧知である。**〈冬うらら東海道の旅仲間〉**数秒間、目を合わせそして別れる。旅をしていると何か人生の縮図めいたものを感じる。〈**冬の日の一期一会の出会ひかな**〉限りなく広い海を見るのが私は好きだ。〈**冬あたたか真青な海に沿ひ走る**〉すこぶる気分が良い。

適度の上り下りのある道を走る。大型車が多いので歩道を走ることに決めた。安全第一である。大型トラック、トレーラーに接触したらその瞬間に人生が終わることは確実だ。五年前の「自転車で行く『奥の細道』逆まわり」でも、ヒヤリハットすることが幾度もあった。〈**南無南無とヒヤリハットの東海道**〉これ冗句《ジョーク》。

相模湾に沿うJR東海道線の小田原駅から国府津駅、二宮駅を横に見ながら大磯駅近くの鴫立庵を目指している。時おり海が見え潮風を肌に感じる。〈**冬日差す海に煌めく過去未来**〉箱根駅伝に出場するらしい選手達が三組練習していた。選手一人に自転車の伴走がついていた。権太坂・不動坂など、よくテレビ中継で聞く地名である。画面ではよく分からかったが、自転車で走ってみて凄い坂道であることが実感できた。〈**海風に抗ふ影や冬日濃し**〉青年よ、悔いを残すな。おじさんも頑張っている。〈**がんばれと心で言うて冬蒲公英**〉東海道沿いに松並木を見かけた。〈**冬晴れや空に枝張る松大樹**〉この旅で良かったことの一つはその場で間髪をおかず見たもの即吟する。そして多作だ。その瞬間その場での俳句の質はあまり気にしない。帰宅して推敲すればよいのだ。しかし、この句は上五に冬晴れ、中七に空、連句なら一言いわれそうである。しかも切字「や」である。「や」は上下を断つ働きを持つと同時に情趣・情感で繋ぐ働きを持つ切字である。上下を物語にしてはいけないのだ。「この句の場合どうかな？」と思っている。そこで〈**べつとう風空に枝張る松並木**〉とした。少し古風すぎたか。上五と座五が体言になって一句の調子を硬くしている。旅は俳句修行の場と考えている。〈**北吹くや松の枝張る青き空**〉これでまぁ、いいか。「俳句表現は一生もの」と教えられている。俳句を始めて五〇年余、まだまだ私は修行中の未熟者である。

午前九時三〇分、小田原駅から一三キロ、所要時間一時間一〇分。大磯町に入る。鴫立庵を通り過ぎてはどうしようもないので途中、二度ほど道を訊く。皆さん、親切である。〈**山茶花の花咲く道に道を訊く**〉まだ通り過ぎてはいなかった。

午前九時五〇分、小田原駅から一七キロ、三大俳句道場として知られる「鴫立庵」は大磯駅より近い所にあった。ここは西行が「心なき身にもあはれは知られけり鴫立つ沢の秋の夕暮」と詠んだ地であり、「湘南発祥の地」と言われている。私は初めてここに来た。さすがに風情あるところで、鴫立庵室・円位堂・法虎堂・

俳諧道場・観音堂などの建物がある。

また芭蕉の句碑をはじめ、多くの歌碑・句碑・記念碑などが立ち並んでいる。**〈石蕗咲くや鴫立庵の沢の音〉**現在の鴫立庵二二世庵主鍵和田秞子先生（俳誌「未来図」主宰）より「大竹さん、鴫立庵へ行ったら私に紹介されて米たと言いなさい。そうしたら御堂の扉を開けて見せてくれるから」私このお言葉に甘えさせい

鴫立庵「円位堂」

ただくことにした。受付で「庵主鍵和田秞子先生のご紹介でまいりました。よろしくお願い致します」。鍵和田先生のお言葉通り受付の方が丁寧に案内してくれた。お忙しいのに写真まで撮っていただいた。**〈山茶花の散り行く庭の真昼かな〉**

〈案内のやさしき言葉冬あたたか〉

西行像の安置されている円位堂の案内板を参考に書き写した。

円位堂

お堂は初代庵主　大淀三千風が元禄時代に建てたままのものであり、平安・鎌倉期の代表的な歌人、西行法師の等身大坐像を安置しています。

西行の俗名は佐藤義清。一一四〇年、二三歳の時に出家。鎌倉初期にここ大磯を訪れ、『新古今和歌集』において「三夕の歌」とよばれるうちの一首を詠んでいます。

心なき身にもあはれは知られけり
鴫立つ沢の秋の夕暮

ものの情緒を感じる心のないこの出家の身にも、しみじみとした情緒はおのずから知られることだ。鴫の飛び立つ沢の秋の夕暮れよ。

私は円位堂の西行の像を見て〈**西行の痩躯の像や初時雨**〉と詠った。私は俳句の進化・深化について三つのステップに区分している。第一ステップ「見たままですね」第二ステップ「見たままじゃないですね」第三ステップ「見たままに見えますね。でも何かが、違いますね。」果たしてこの句は第なんステップか？　俳句は十七音に自分の思いを込めて詠うものと思っている。そこでクイズです。こ

「円位堂」内の西行像

の句に込められた私の思いとは何でしょうか。回答「読者の皆さんの考えていただいた答えが正解です。作者の手を離れた俳句作品の鑑賞は読み手の自由です」……何か、私、皆さんに怒られそうな事を言ったみたいですね？　生意気を言ってしまいました。すみません！　俳句は眼前の事実・事柄・事象を説明・報告することではない。作者は喋らず物にものを言わせ季語に語らせるべきである。

ここは東京からも近く、またJR大磯駅からも歩ける距離にあるので、吟行に良い所と思う。皆さんもぜひ鴫立庵にお出でになって秀句をお詠み下さい。参考にもう一つの案内板を書き写した。

大磯町指定有形文化財　鴫立庵
大磯町指定史跡名勝天然記念物　鴫立沢
昭和五十八年七月一日指定

現在、鴫立庵内には鴫立庵室、俳諧道場、円位堂、法虎堂、観音堂があります。庵室については大淀三千風（一七〇〇～一七五〇）が建てたもの、俳諧道場については三世庵主鳥酔が明和四年（一七六五）に増築したものと伝えられていまし

鴫立庵「俳諧道場」

たが、調査の結果鴫立庵の基本部分は江戸時代のもので、他の建物は江戸時代以降に建てられたものと考えられます。
鴫立沢には西行法師が鴫立沢を詠んだ地という言い伝えが室町時代よりありました。寛文四年（一六六四）崇雪がこの地に草庵を結んだ時に鴫立沢の標石を建て、その標石に《著盡湘南清絶地》と刻んだことから、《湘南》の名称発祥の地として注目されています。

平成二十二年三月　　大磯町教育委員会

ここには珍しい円筒形の芭蕉の句碑もある。古い句碑で文字は摩滅してよく読めない。次の句が刻まれているらしい？

みのむしの音を聞に来よ草の庵
日のミち（道）や葵かたふく皐月雨
はこねこす人もあるらしけさの雪
春たつ（ち）てまた九日の野山哉

鴫立庵「五智如来像」

多くの句碑の中に先ほどの鍵和田秞子先生と二一世庵主、草間時彦先生の句碑もある。草間先生は私の祖父、大竹孤悠（俳誌「かびれ」を創刊主宰）が昭和五四年一一月一八日に亡くなる一〇日ほど前にお見舞いに来ていただいた私にとっても忘れられない俳人である。先生は普段は穏やかな人であるが時に〈**甚平や一誌持たねば仰がれず**〉と詠むような強い個性を持つ俳人であった。

円位忌の波の無限を見てをりぬ　釉子
大磯に一庵のあり西行忌　時彦

まだまだ散策をしていたかったが、本日の予定の横浜までの旅の途中なので午前一〇時半に鴫立庵を〈**門前の大樹の木の葉時雨かな**〉〈**冬空や野ざらしの旅まだ途中**〉と詠み出発した。

大磯から平塚、相模川の馬入橋を渡り、茅ヶ崎を経由して気が付いたら一二時半、鴫立庵から二〇キロの地点「藤沢バイパス出口」にいた。もしかして私は知らぬ間に自動車専用道路を走っていたのかな？〈**やみ雲に知らぬが仏の恐さかな**〉これ冗句《ジョーク》。道はアップダウンが激しく交通量のすこぶる多い所である。またしばらく走る。「自転車通行止め」の標識を発見。はっと気が付いて止まろうとしたが、脳細胞が働かず一〇メートルほど標識の先に出てしまった。〈**危ないが危険に変はる寒さかな**〉この状況は冗談ではないが俳句はこれも冗句《ジョーク》。高速で走る大型車を気にしながら一〇メートルバック。脇道に入り住宅街で人を探す。〈**とつとつと事情を話す木の葉雨**〉旧東海道に出て戸塚駅を目指すようにと教えていただく。〈**地獄にも仏が居りぬ冬あたたか**〉冗句《ジョーク》の三連発である。先ほどは「……寒さかな」だったのに「……冬あたたか」である。俳句は気分で詠うものか？

戸塚駅前に出る。駅前の開かずの踏み切りの工事が行われていた。〈**冬晴れや開かずの踏み切りスムーズに**〉見たまんま、これで済めば俳句は楽なものである。本日の冗句《ジョーク》四発目。午後二時四〇分、鴫立庵から三六キロ、保土ケ谷駅前で小休止。ここまでの行程を思い浮かべる。車庫から急に歩道に車が出てきて衝突しそうになったこと。自転車のタイヤがバーストしたサイクリストと言葉を交わしたこと。登山だとすれ違う時に挨拶をするが自転車では殆ど行き交うサイクリストと話すことはない。彼らは私と違って早く走ることを趣味としているので会話は生まれない。しかし話し始めると面白い。私のチタンの折畳み式自転車を見て名前をすらりと言う。私は自分の自転車の名前などすっかり忘れていた。〈**冬日差す意外と陽気なサイクラー**〉熱中し過ぎた自分の趣味の世界は他人から見れば「オタク」なのである。先師小松崎爽青に〈**俳句のほか何も知らずて花仰ぐ**〉の句がある。なるほど！　趣味にも次元の低いものと高いものがあると思うが、それを非難するとことんでもない目に遭う。その趣味がその人にとっては最高なのである。海釣りの好きな私も一匹一万円以上もする鯵とか、鯖とかを何度も食べている。その度に家内に「大きな鯛が買えるね」とからかわれている。〈**その人にそれが最高！それが趣味**〉本日は冗句《ジョーク》が多い、確か五句目である？　もう止めよう。私の俳人としての品格が疑われる。「そんなもの最初から有るか」と誰か笑っているのだろう。あとは交通量が多いので危険回避のため歩道を走っていて交差点を渡ろうとして一五センチの段差に気付かず転倒しそうになったことぐらいかな。〈**日常に危険もありぬ冬鴉**〉ついつい長話になった。

保土ケ谷駅前を後にする。自転車を漕ぐ度に街が都会めいて来る。午後三時五分、横浜駅前に着く。小田原から六時間二五分、五七キロ走った。〈**横浜は未来都市なり冬青空**〉駅前で自転車を折り畳む。誰も視線を私に向けていない。ここは都会なのだ。〈**それぞれに生活と思ひ冬の午後**〉午後三時三〇分、京浜東北線に乗り込む。午後四時四五分、自宅に着く。本日の旅は終わった。〈**暗闇に沈む我が家を灯す冬**〉

走行距離五七キロ。行程一日。累計九一八キロ、一四泊二七日。次回は横浜から旅の起点東京日本橋を目指す。東京まで約四〇キロである。いよいよ最後のト

ライである。〈最後まで無事を願ふや冬三日月〉

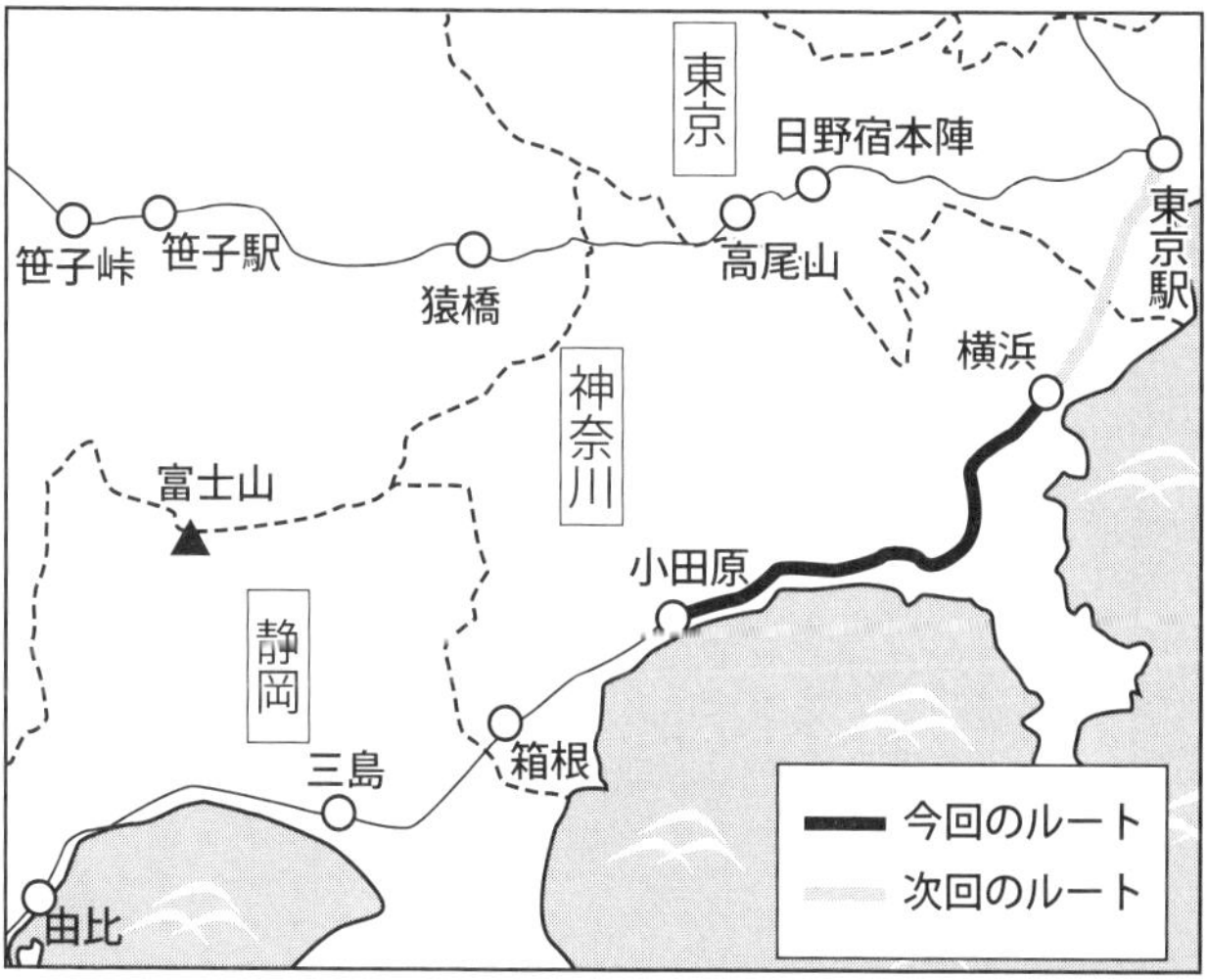

第14次　横浜から東京へ

平成二五年一一月二九日（金曜日）晴。自宅を午前五時一五分に出る。この旅もいよいよ最終ランである。いろいろありました。まだ何か、あるかも知れません。いつもはらはらドキドキの今回の旅である。**〈早朝の落葉かさこそ鳴るばかり〉**都電荒川線荒川車庫前からJR王子駅に、王子駅から京浜東北線で横浜駅に向かう。鉄道の営業距離で三九キロ、所要時間約一時間一五分。本日の出発地点横浜駅に六時四〇分にはスタンバイ。予報では本日の最低気温六度、この冬、一番の寒さである。**〈髪の毛の六割白髪ただ寒し〉**もうと言うべきか、まだと言うべきか。若いつもりでいたが、私も六五歳、これが現実である。**〈浪音の聞こえぬ冬の湾の奥〉**駅前で自転車の組み立てを始める。誰も振り向きもしない。ここは都会なのだ。**〈雑踏に影を踏まるる落葉期〉**昔、いしだあゆみの「ブ

ルーライトヨコハマ」が大ヒットした。「まちのあかりがとてもきれいねよこはま……」いい時代だったと思う。**〈襟を立て言ひ出すことは過去ばかり〉**ぶつくさ言い過ぎた。

七時一〇分。横浜駅前を東京に向かって出発する。道が三本並んでいる。一番右が第二京浜国道（東海道）、真ん中は地下に潜っている。左側は歩行者道路のようだ。右は間違いないが車が多すぎる。危険だ。「どうしよう？」幸い、交番があった。私「東京方面に行きたい。でも右側は危ない」。若い警察官、明るく元気よく「右は危ない、真っ直ぐ行け」。私、真ん中の道を指差して「これですか？」若い警察官「真っ直ぐ行け」。私「ありがとう」。若い警察官「気をつけて」。私、真ん中の道を行く。これが今回の旅の最後の間違いになろうとは夢にも思わなかった。**〈幸せも不幸も運か神の留守〉**本日、最初の冗句《ジョーク》。自転車は気持ち良く地下の下り坂に吸い込まれて行く。東京と思われる方に何回か、曲がった。暫く走る。どうもおかしい。道路の行先表示が小田原である。通行人のおじさん「こっちへ行って〇〇橋を曲がれ」。私「ありがとう」。暫く走る。〇〇橋が分からない。サラリーマン風の男に〇〇橋を訊く。〇〇橋が分からない。私、ユーターンする。

暫く走る。横浜駅前に出る。先ほどの交番前に出る。若い警官がニコニコ笑っている。ことの次第は察知しているようだ。私「真ん中の道を指差してまっすぐ行けと言ったでしょう？」若い警官「真っ直ぐ行け」。私「ムゥ（むかつく）」。よく見ると交番は左の道に面している。それで「真っ直ぐ行け」となったらしい。私「ありがとう」何分無駄にしたか、これでは今日中に東京に行きつかない？〈**弥次喜多の旅のようなり烏がカァー**〉本日の冗句《ジョーク》二つ目。やってられない！　暫く走る。道路標示は東京である。良かった。やっと横浜駅前を脱出できた。〈**冬晴れや自転車ちから入れて漕ぐ**〉快調！

八時五〇分。曹洞宗の本山総持寺、鶴見川を通り川崎駅の傍を通過する。一四キロを四〇分かかった。私の走ってきた国道一号線（東海道・第二京浜国道）と国道一五号線（第一京浜国道）の間に旧東海道の「八丁畷」がある。ここに芭蕉の麦の別れの句碑〈**麦の穂をたよりにつかむ別れかな**〉がある。句碑の傍に次のような要旨の案内板があった。

江戸日本橋を起点とする東海道は、川崎宿を過ぎ隣の市場村（現在の横浜市鶴見区尻手・元宮・市場のあたり）へ至るこの区間八丁（約八七〇メートル）を畷という田畑の中を真っ直ぐに伸びる道があった。それを八丁畷と呼んでいた。この付近からは江戸時代の飢饉・天災で亡くなったと思われる方の人骨が多数でている。

野ざらしを覚悟の旅や霜を踏む

元禄七年（一六九四）五月一一日（現在の六月下旬）俳人芭蕉が江戸深川の庵を立って郷里伊賀国柘植庄へ帰る時、江戸から送ってきた門人たちと川崎宿外れ

芭蕉の「麦の別れ」の句碑
「麦の穂をたよりにつかむ別れかな」

の八丁畷の腰掛茶屋で、だんごを食べながら休憩し、最後の別れを惜しみ「翁の旅を見送りて」と題して各人が俳句を詠みあった。弟子たちの句に対し芭蕉は〈**麦の穂をたよりにつかむ別れかな**〉と返し弟子達の親切を感謝し麦の穂を波立てる浦風の中を出立した。当時、八丁畷に人家はなく、街道の両側は一面の田畑だった。〈**旅に病んで夢は枯野をかけめぐる**〉の一句を遺し芭蕉はこの年の一〇月大阪で亡くなった。これが関東での最後の別れとなった。

木枯しに抗ふ影の強さかな

旅の途中、コースから外れて八丁畷の「麦の別れの句碑」に立ち寄れるか、どうか分からなかったので、実は「かびれ東京同人会」の横浜市「久良岐公園」吟行（一一月二七日）の帰り、俳句仲間の井上千代子さんと、小出民子さんの三人でこの地を訪ねていた。句碑は京浜急行八丁畷駅に近い旧東海道にある。句碑には屋根が掛かり周りには菫など季節の花が植えられ麦が芽吹いていた。今でも地域の人が大切にしているのだろう。その時の三人の句は次の通りである。

芭蕉句碑さがす旧道暮早し　千代子
小奇麗な芭蕉の句碑や麦芽吹く
小春日や八丁畷に芭蕉句碑
水仙や句碑を守るかに地蔵尊　民子
「麦の穂」の句碑や律儀に麦芽吹く
水仙を揺らして特急走り去る
黄昏の風の眩しさ麦芽吹く　多可志
木の葉雨芭蕉の句碑に屋根掛かる
句碑を守る人の心や冬あたたか

句碑は文政一三年（一八三〇）八月、俳人一種は俳聖松尾芭蕉をしのび、天保の三大俳人の一人で師の桜井梅室に筆を染めてもらい建てられた。

暫く走る。九時一五分。横浜駅から一七キロ。

約二時間。東京と神奈川の境界、多摩川大橋を渡る。いよいよ東京である。

多摩川の河川敷をカメラに収める。**〈多摩川の深まる冬の青さかな〉**実に風が心地好かった。冗句《ジョーク》三つ目**〈ランランの気分に翼冬の空〉**意味不明。多摩川大橋を渡れば、そこは東京都大田区である。さらに気分はるんるんランランである。**〈自転車に翼を着けて冬青空〉**冗句《ジョーク》四つ目。

芭蕉の『野ざらし紀行』に次のような一文がある。

関こゆる日は雨降て、山皆雲にかくれたり。

霧しぐれ富士をみぬ日ぞ面白き

何某ちりと云けるは、此たびみちのたすけとなりて、万いたはり、心を尽し侍る。常に莫逆の交ふかく、朋友信有哉、此人。

深川や芭蕉を富士に預行　ちり

私の旅は「逆まわり」なので、芭蕉と気分はまるで違う。**〈雪晴れの富士を仰ぐも歓喜かな〉**というところか。**〈多摩川に添ひたる風の光りかな〉**実にいい気分であった。

東京都大田区には日蓮宗池上本門寺がある。私はその近くの電電公社池上電話局に昭和四二年から四年間勤務した。そこから第6次「名古屋から伊勢神宮へ」の中に出てくる三重県鈴鹿市にあった、電電公社鈴鹿電気通信学園に長期研修に出ることになった。池上は言わば私のサラリーマンの出発、また青春の地でもある。当時、近くにはまだ畑もあった。近くを自転車で走って、今浦島の思いを強く感じた。**〈散紅葉今浦島の思ひあり〉〈白髪の鏡の顔の寒さかな〉**もう四五年も前の話である。**〈青春を思えば泪冬の蝶〉**思わずセンチになってしまった。ごめん！

暫く漕ぐ。新幹線の陸橋の下を通る。住居表示でいうと大田区中馬込である。私の目が道の左側に何かを求めている。**〈山茶花や道の左へ目が動く〉**一〇時、横浜から二三キロ、所要時間約二時間五〇分。「あった！　馬込橋医院だ」思わず一人ではしゃいでしまった。ここに四〇数年前に一度、来たことがある。ここの医院長が五味真琴《しんきん》さん、奥さんが亜木《あぼく》さん、お二人とも古くからの「かびれ」同人である。そのご両親も「かびれ」同人であった。ここに私の祖父、大竹孤悠がよく俳句指導に来ていたので私も句会に参加させて貰ったことがあった。私の突然の訪問にお二人は驚きまた喜んでくれた。〈**冬うらら松茸飯の記憶あり**〉畏まってご馳走になった記憶が甦った。冗句《ジョーク》五つ目〈**松茸御飯どうぞといわれ三杯目**〉ということもあった。私は二〇歳ぐらいだったと思う。五味先生の米寿の白衣姿は凜々しく眩しかった。〈**冬日差す凜々しく動く老ドクター**〉仕事の邪魔をしないうちに挨拶をして出発する。

暫く漕ぐ。一〇時三五分、横浜から二七キロ、五反田駅を通過する。左手にＮＴＴ関東病院が見える。私の勤めていた会社に関連した病院であり、二カ月に一度、通院をしている。「よくこんな自転車で旅をするなんてタフですね」と言われるが、私は数値的に成人病のデパートみたいな身体をしている。しかし、上手く使えば、思ったことを遣り遂げる意志さえあれば、このくらいのことはできるのだ。〈**銀杏散る真青な空の下に立つ**〉

暫く漕ぐ。芝公園の近くから東京タワーが見える。しみじみと東京へ戻ったと思う。〈**寒風や東京タワー振り仰ぐ**〉東京タワーが素晴らしく綺麗に見えた。東京でとにかくタワーと言えばスカイツリーではなく東京タワーなのだ。私は間違いなく昭和世代である。〈**冬木桜団塊世代意志を持つ**〉虎ノ門・桜田門・皇居前

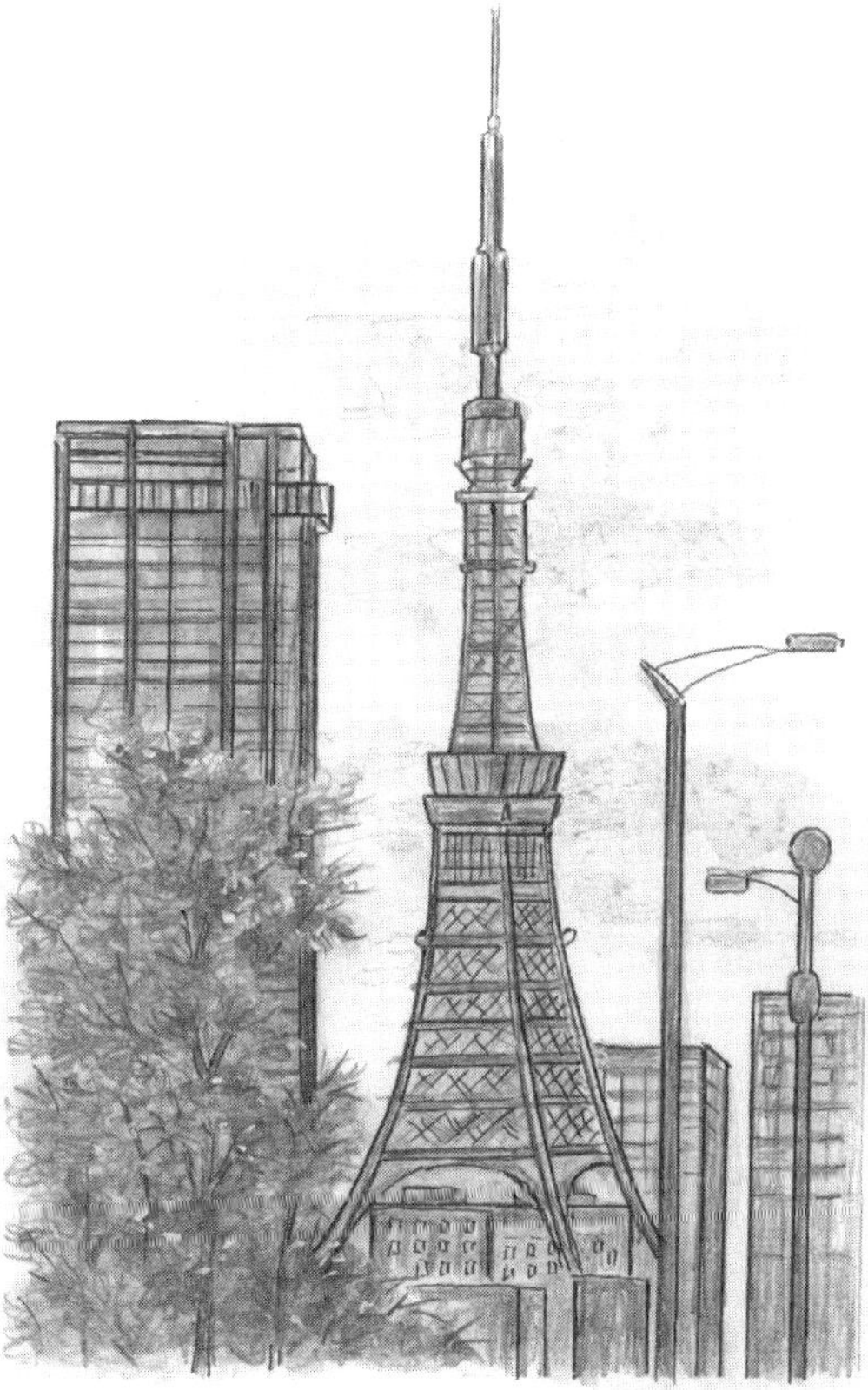

東京タワー

を通る。〈**散り紅葉皇居間近に拝しけり**〉大手町を右折して東京駅のガードを潜る。〈**寒波くる東京駅と言ふシャトー**〉呉服橋を通り左折する。日本橋が見える。思わず「やった！」手袋を脱いで日本橋に一礼する。二年間の旅の終りに泪がでそう。〈**冬空の青が目に沁む歓喜かな**〉私は運の良い男と思う。〈**野ざらしにならぬ強さや冬の晴れ**〉

一一時五五分、横浜から四時間四五分、三七キロ。旅の目的地「日本橋」に立つことができた。〈**冬晴れや両足で踏む日本橋**〉ここ日本橋は東京都中央区の隅田川と外濠を結ぶ日本橋川に架かっている。五街道（東海道・中山道・日光街道・甲州街道・奥州街道）の起点であり、橋の中央に全国への道路元標がある。

私も少し変であるが、私より少し変なおじさんが写真を撮ったり、川を覗いたり、橋の上を行ったり来たりしている。間違いなく挙動不審者である。私は写真を撮って貰いたかったので声を掛けた。何と、このおじさん、青森から来たと言う。家出人か？　そうではないらしい。定年後、自分の自由な時間を楽しんでいるらしい。「人生後半は勝手気儘に生きる」私と同じ仲間である。親しみが湧いてきた。今回は東野圭吾の推理小説『麒麟の翼』の舞台を巡っていると言う。人生、楽しみ方はいろいろである。それでわざわざ青森から来たと言う。私は人の趣味は絶対に誹謗中傷をしてはいけないと思っている。その人にとってそれは絶対の世界なのだ。他人は静かに見守るべきだ。私のこの「逆まわりの旅」も人にどう見られているのだろうか。話を戻す。日本橋は五街道の起点である。「ここから羽ばたく」という意味で橋の中央に大きな翼を持った麒麟の像が設置されている。なるほど、分かった。中七が一音過剰だが〈**冬日差す麒麟の翼の影うごく**〉と詠う。〈**冬日差す麒麟の像の影うごく**〉と推敲。〈**冬日差す麒麟の翼まぶしめり**〉〈**冬青空**

麒麟の像

麒麟の翼まぶしめり〉この一句とうとう着地できなかった。冗句《ジョーク》六つ目〈**幼子にとって麒麟はエイリアン**〉こっちの方がいいか。

冬の日暮れは早いので帰路につく。日本橋から東京駅まで約一キロ自転車を押す。東京駅から自宅に向かう。一時二〇分、自宅に着く。私「ただいま」。返事はない。〈**沈黙の部屋の空気の寒さかな**〉これで普通の生活に戻れた。走行距離三七キロ。行程一日。累計九五五キロ、一四泊二八日。旅は終わった。〈**黄昏の冬のひとりの旅終はる**〉……。

一二月一日(日曜日)晴。七時四〇分。家を出る。東京駅に向かう。目的地「日本橋」。八時二五分、東京駅着。自転車を組み立てる。日本橋に向かう。日本橋が見える。私、おもむろにケータイを取り出す「そろそろ着くよ」。山形保紀さん「スタンバイOK。ヨーソロー」。二人の訳の分からぬ会話である。私、日本橋に向かう。大きな「かびれ」の社旗が見える。数本の「かびれ」の小旗が振られている。伊藤柳香さんが書いてくれた「大竹多可志先生『野ざらし紀行』逆まわりの旅完走おめでとうございます」の横断幕が風に揺れている。俳誌「か

日本橋

びれ」の俳句仲間二〇人が出迎えてくれた。もう、もみくちゃ！　冗句《ジョーク》七つ目〈**もみくちゃも気持よいものの冬日和**〉（美人なら？）今年（平成二五年）、食品偽装問題が世間を騒がせたが、実はこの騒ぎも一種の偽装でやらせなのである。日本橋に実際に着いた一一月二九日なら別に問題はなかったが、到着時間は確定できないし、その到着すら危ぶまれたので、この日に出迎えセレモニーと、俳句文学館で完走祝賀句会を開いていただくことになっていたのだ。当日の私が日本橋にゴールした時の俳句仲間の句を紹介する。

満腔の万歳の声街小春　川幡信行
冬暖か銀輪光る日本橋　渡辺芳子
晴々と登場の師や冬あたたか　黒岩秀子
待望を果せし顔や冬日和
完走の拍手が止まず冬の晴　早田維紀子
冬麗ら小さき自転車走り来る
冬日差す麒麟の像の下で会ふ　坂本ふみ
野ざらしの旅を想へり冬の旅
師の姿見えて騒めく冬晴間　斎藤　政
冬うららカメラの前で師は照れる
師のゴール見届け冬のあたたかし
小春日や完走の師へ拍手する　柴田美枝子
冬晴や何をさて置き駆け付くる
十二月笑顔の我が師でむかへる　岡　久子
着ぶくれて師を待ち佗ぶる日本橋

完走の銀輪の師と冬うらら
完走のガッツポーズや冬日和　宮本恭子
分身の小さき自転車冬ぬくし
凜としてペダル踏む師や紅葉散る　矢島艶子
冬紅葉旅の起点に師の立てり
師を迎ふ小春日和の日本橋　柳　良子
冬晴や大きく振りし「かびれ」社旗
満面の笑みのゴールや冬うらら　佐々木リサ
志遂げたる師の目冬日燦
冬晴や無事完走の師の笑顔　井上千代子
石蕗咲くや橋の袂に主宰待つ
師の笑みに力を見るや冬紅葉　和田栄子
冬晴や旅の終はりは日本橋
冬日差す黄泉平坂越えて来る　山形保紀
野ざらしにならず戻りぬ小六月

旅終はる主宰の笑みや冬あたたか

冬晴や笑顔の集ふ日本橋

小出民子

そして私は〈**冬晴れや旅の起点に戻りたる**〉と詠んだ。そして芭蕉は『野ざらし紀行』の最初を次のように書き始めている。

「千里に旅立て、路粮をつゝまず、三更月下無何に入」と云けむ、むかしの人の杖にすがりて、貞享甲子秋八月、江上の破屋をいづる程、風の声、そゞろ寒気也。

野ざらしを心に風のしむ身哉

秋十とせ却て江戸を指古郷

私はこの書き出しを読んで〈**野ざらしを覚悟の日なり霜を踏む**〉と詠んだ。芭蕉は伊賀上野の生家に戻ったあと、大和、吉野、山城、近江、大垣、桑名、奈良、京都、伏見、大津などを巡っている。私は以前この地の殆どを訪ねているので今回は旅をしていない。

芭蕉にとって、私にとって旅とは何であったのだろうか。旅とは大地を踏み締め歩き、自分で積極的に新たな時間を創り出すことである。そこには座っていては決して見えないものが見えて来る瞬間に出あえるものと思っている。それが蕉風確立に繋がったと思う。「次の旅はどうするのですか」と訊かれる。まだ何も決めていない。しかし、あの大震災以降「今日やるべきことは今日すべき」と思っている。長い間「自転車で行く『野ざらし紀行』逆まわり」をはらはらドキドキしながら応援していただいた多くの皆様に感謝を込めて「ありがとう」を申し上げる。私の主宰する俳誌「かびれ」は平成二七年二月に、創刊一〇〇〇号を迎える。その記念に「俳句紀行」として刊行の計画があり、その時はぜひ皆様に改めて読んでいただきたいと思っている。野ざらしの旅の終わりの思いを次の一句に込めた。それでは「さようなら」お元気で。

霜踏むや誰も分からぬ明日のこと　　多可志

ただいま。ありがとう！

―完―

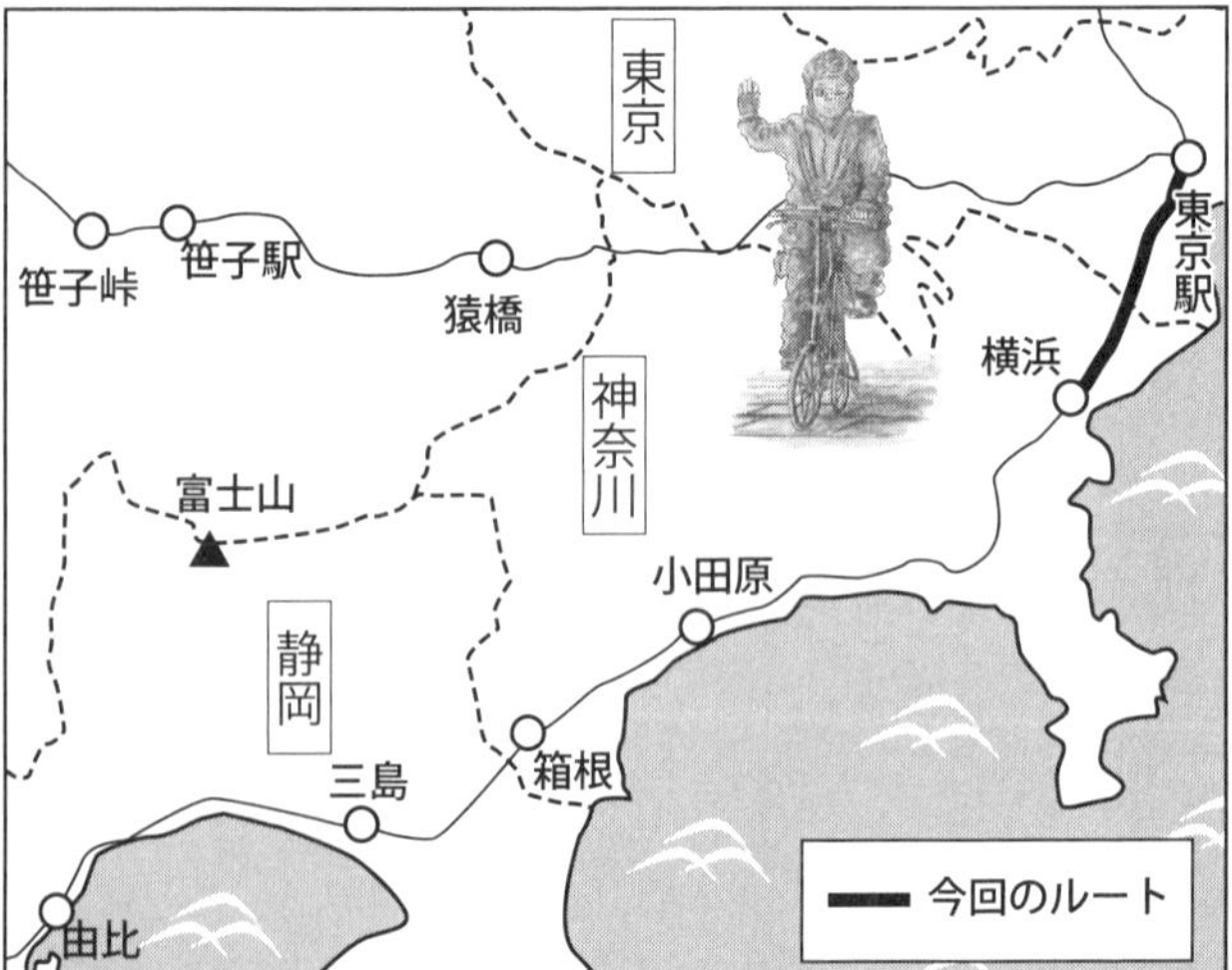
東京
神奈川
静岡
笹子峠
笹子駅
猿橋
東京駅
横浜
富士山
小田原
箱根
三島
由比
今回のルート

野《の》ざらし紀《き》行《こう》

「千里に旅立《たびだち》て、路粮《みちかて》をつゝまず、三更月下無何《さんかうげつかむか》に入《いる》」と云《いひ》けむ、むかしの人の杖《つゑ》にすがりて、貞享甲子《ぢやうきやうきのえね》秋八月、江上《かうしやう》の破屋《はをく》をいづる程《ほど》、風の声、そゞろ寒気《さむげ》也《なり》。

野ざらしを心に風のしむ身《み》哉《かな》

秋《あき》十《と》とせ却《かへつ》て江《え》戸《ど》を指《さす》古《こ》郷《きやう》

関《せき》こゆる日は雨降《ふり》て、山皆雲《やまみなくも》にかくれたり。

霧《きり》しぐれ富《ふ》士《じ》をみぬ日ぞ面《おも》白《しろ》き

何某《なにがし》ちりと云《いひ》けるは、此《この》たびみちのたすけとなりて、万《よろづ》いたはり、心を尽《つく》し侍《はべ》る。常に莫逆《ばくげき》の交《まじはり》ふかく、朋友信有《ほういうにしんある》哉、此人《このひと》。

深《ふか》川《がは》や芭《ば》蕉《せう》を富士に預《あづけ》行《ゆく》　ちり

富士川のほとりを行《ゆく》に、三《み》つ計《ばかり》なる捨子《すてご》の哀気《あはれげ》に泣有《なくあり》。この川の早瀬《はやせ》にかけて、うき世の波をしのぐにたへず、露計《つゆばかり》の命待《いのちまつ》まと捨置《すておき》けむ。小萩《こはぎ》がもとの秋の風、こよひやちるらん、あすやしをれんと、袂《たもと》より喰物《くひもの》なげてとほるに、

猿を聞《きく》人《ひと》捨子に秋の風いかに

いかにぞや、汝《なんぢ》、ちゝに悪《にく》まれたる歟《か》、母にうとまれたるか。ちゝは汝を悪《にくむ》にあらじ。母は汝をうとむにあらじ、唯《ただ》これ天にして、汝が性《さが》のつたなき〔を〕なけ。

大井川越《こゆ》る日は、終日《ひねもす》、雨降《ふり》ければ、

秋の日の雨江戸に指《ゆび》おらん大井川　ちり

馬上吟《ばしやうのぎん》

道のべの木槿《むくげ》は馬にくはれけり

二十日余《はつかあまり》の月、かすかに見えて、山の根際《ねぎは》いとくらきに、馬上に鞭《むち》をたれて、数里《すり》いまだ鶏鳴《けいめい》ならず。杜牧《とぼく》が早行《さうかう》の残夢《ざんむ》、小夜《さよ》の中山《なかやま》に至りて忽《たちまち》驚《おどろ》く。

馬に寝《ね》て残夢月遠し茶のけぶり

松葉屋風瀑《ふうばく》が伊勢に有《あり》けるを尋音信《たづねおとづれ》て、十日計《ばかり》足をとゞむ。腰間《えうかん》に寸鉄をおびず、襟《えり》に一嚢《いちなう》をかけて、手に十八の珠《たま》を携《たづさ》ふ。僧に似て塵有《ちりあり》、俗にゝて《に》髪《かみ》なし。我《われ》僧にあらずといへども、浮屠《ふと》の属《しよく》にたぐへて、神前に入事《いること》をゆるさず。暮《くれ》て外宮《げくう》に詣侍《まうではべ》りけるに、一《いち》ノ華表《とりゐ》の陰《かげ》ほのくらく、御燈処ゝ《みあかしところどころ》に見えて、「また上《うへ》もなき峯《みね》の松風《まつかぜ》」身にしむ計《ばかり》、ふかき心を起《おこ》して、

みそか月なし千《ち》とせの杉を抱《だく》あらし

西行谷《さいぎやうだに》の麓《ふもと》に流《ながれ》あり。をんなどもの芋《いも》あらふを見るに、

芋洗ふ女《をんな》西行ならば歌《うた》よまむ

其日《そのひ》のかへさ、ある茶店《ちやみせ》に立寄《たちより》けるに、てふと云《いひ》けるをんな、「あが名に発句せよ」と云て、白ききぬ出《いだ》しけるに、書付《かきつけ》侍る。

蘭《らん》の香《か》やてふの翅《つばさ》にたき物《もの》す

閑人《かんじん》の茅舎《ばうしや》をとひて

蔦《つた》植《うゑ》て竹四五本のあらし哉《かな》

長月《ながつき》の初《はじめ》、古郷に帰りて、北堂《ほくだう》の萱草《けんざう》も霜枯果《しもがれはて》て、今は跡だになし。何事も昔に替《かは》りて、はらからの鬢《びん》白く眉皺寄《まゆしわより》て、只《ただ》「命有《あり》て」とのみ云て言葉はなきに、このかみの守袋《まもりぶくろ》をほどきて、「母の白髪《しらが》をがめよ、浦島の子が玉手箱《たまてばこ》、汝《なんぢ》がまゆもやゝ老《おい》たり」と、しばらくなきて、

手にとらば消《きえ》んなみだぞあつき秋の霜

大和《やまと》の国に行脚《あんぎや》して、葛下《かつげ》の郡《こほり》竹の内と云処《いふところ》は彼《かの》ちりが旧里なれば、日ごろとゞまりて足を休む。

わた弓や琵琶《びは》になぐさむ竹のおく

二上山当麻寺《ふたがみやまたいまでら》に詣《まう》でゝ、庭上《ていしやう》の松をみるに、凡《およそ》千とせもへたるならむ。大イサ牛をかくす共云《ともいふ》べけむ。かれ非情といへども、仏縁にひかれて、斧《ふ》斤《きん》の罪をまぬかれたるぞ幸《さいはひ》にしてたつとし。

僧朝顔《あさがほ》幾《いく》死《しに》かへる法《のり》の松

独《ひとり》よし野《のの》ゝおくにたどりけるに、まことに山ふかく、白雲峯《はくうんみね》に重《かさな》り、烟《えん》雨《う》谷を埋《うづ》ンで、山賤《やまがつ》の家処《ところどころ》ゞにちひさく、西に木を伐《きる》音東にひゞき、院ゞの鐘の声は心の底にこたふ。むかしより、この山に入《いり》て世を忘《わすれ》たる人の、おほくは詩にのがれ歌《うた》にかくる。いでや、唐土《もろこし》の廬山《ろさん》といはむも、またむべならずや。

ある坊《ばう》に一夜《いちや》をかりて

碪《きぬた》打《うち》て我にきかせよや坊が妻

西上人《さいしやうにん》の草の庵《いほり》の跡は、奥の院より右の方《かた》二町計《ばかり》わけ入《いる》ほど、柴人《しばびと》のかよふ道のみわづかに有《あり》て、さがしき谷をへだてたる、いとたふとし。彼《かの》と〱の清水《しみづ》は昔にかはらずとみえて、今もと〱と雫落《しづくおち》ける。

露とく〱心《こころ》みに浮世《うきよ》すゝがばや

若《もし》これ、扶桑《ふさう》に伯夷《はくい》あらば、必《かならず》口をすゝがん。もし是、許由《きよいう》に告《つげ》ば、耳をあらはむ。

山を昇《のぼ》り坂を下《くだ》るに、秋の日既斜《すでにななめ》になれば、名ある所〱み残して、先《まづ》、後醍醐帝《ごだいごてい》の御廟《ごべう》を拝む。

御《ご》廟《べう》年《とし》経《へ》て忍《しのぶ》は何をしのぶ草《ぐさ》

やまとより山城《やましろ》を経《へ》て、近江路《あふみぢ》に入《いり》て美濃《みの》に至る。います・山中《やまなか》を過《すぎ》て、

いにしへ常盤《ときは》の塚有《つかあり》。伊勢の守武《もりたけ》が云《いひ》ける「よし朝殿《とも》に似たる秋風」とは、いづれの所か似たりけん。我《われ》も又《また》、

義《よし》朝《とも》の心に似たり秋の風

不《ふ》破《は》

秋風や藪《やぶ》も畠《はたけ》も不破の関

大垣《おほがき》に泊りける夜は、木因《ぼくいん》が家をあるじとす。武蔵野《むさしの》を出《いづ》る時、野ざらしを心におもひて旅立《たびだち》ければ、

しにもせぬ旅《たび》寝《ね》の果《はて》よ秋の暮

桑名本統寺《くはなほんとうじ》にて

冬《ふゆ》牡《ぼ》丹《たん》千《ち》鳥《どり》よ雪のほとゝぎす

草の枕《まくら》に寝あきて、まだほのぐらきうちに、浜のかたに出《いで》て、

明ぼのやしら魚しろきこと一《いっ》寸《すん》

熱田《あつた》に詣《まうづ》。

社頭大《しやとうおほ》イニ破れ、築地《ついぢ》はたふれて草村《くさむら》にかくる。かしこに縄《なは》をはりて小社の跡をしるし、爰《ここ》に石をすえて其神《その》と名のる。よもぎ・しのぶ、こゝろのまゝに生《おひ》たるぞ、中《なか》〳〵にめでたきよりも、心とゞまりける。

しのぶさへ枯《かれ》て餅《もち》かふやどり哉《かな》

名護屋《なごや》に入道《いるみち》の程風吟《ほどふうぎん》ス。

狂句《きやうく》木枯《こがらし》の身は竹斎《ちくさい》に似たる哉

草枕《くさまくら》犬も時雨《しぐる》ゝかよるのこゑ

雪見にありきて

市人《いちびと》よ此笠《このかさ》うらふ雪の傘《かさ》

旅人をみる

馬をさへながむる雪の朝《あした》哉

海辺に日暮《くら》して

海くれて鴨《かも》のこゑほのかに白し

爰《ここ》に草鞋《わらぢ》をとき、かしこに杖《つゑ》を捨《すて》て、旅寝ながらに年の暮《くれ》ければ、

年暮ぬ笠《かさ》きて草鞋はきながら

といひ〳〵も、山家に年を越《こえ》て、

誰《た》が聟《むこ》ぞ歯《し》朶《だ》に餅《もち》おふうしの年

奈良に出《いづ》る道のほど

春なれや名もなき山の薄《うす》霞《がすみ》

二月堂《にぐわつだう》に籠《こも》りて

水とりや氷《こほり》の僧の沓《くつ》の音

京にのぼりて、三井《みつゐ》秋風《しうふう》が鳴滝《なるたき》の山家をとふ。

梅林

梅白し昨日《きの》ふや鶴を盗《ぬすま》れし

樫《かし》の木の花にかまはぬ姿かな

伏見《ふしみ》西岸寺《さいがんじ》任口上人《にんこうしやうにん》に逢《あう》て

我がきぬにふしみの桃の雫《しづく》せよ

大津に出る道、山路《やまぢ》をこえて

山路来て何やらゆかしすみれ草《ぐさ》

湖水の眺望

辛《から》崎《さき》の松は花より朧《おぼろ》にて

水口《みなくち》にて、二十年を経《へ》て故人《こじん》に逢ふ

命《いのち》二つの中に生《いき》たる桜哉《かな》

伊豆の国蛭《ひる》が小嶋《こじま》の桑門《さうもん》、これも去年《こぞ》の秋より行脚《あんぎや》しけるに、我が名を

聞《きき》て、草の枕《まくら》の道づれにもと、尾張《をはり》の国まで跡をしたひ来《きた》りければ、

いざともに穂《ほ》麦《むぎ》喰《くら》はん草枕

此《この》僧予《よ》に告《つげ》ていはく、円覚寺《ゑんがくじ》の大顛《だいてん》和尚、今年睦月《むつき》の初《はじめ》、迁化《せんげ》し給《たま》ふよし。まことや夢の心地せらるゝに、先《まづ》、道より其角が許《もと》へ申遣《まうしつかは》しける。

梅こひて卯花《うのはな》拝むなみだ哉

杜国《とこく》におくる

白《しら》げしにはねもぐ蝶《てふ》の形見《かたみ》哉

二《ふた》たび桐葉子《とうえふし》がもとに有《あり》て、今や東《あづま》に下らんとするに

牡《ぼ》丹《たん》蘂《しべ》ふかく分《わけ》出《いづ》る蜂《はち》の名残《なごり》哉

甲斐《かひ》の山中に立《たち》よりて

行《ゆく》駒《コマ》の麦に慰むやどり哉

卯月《うづき》の末、庵《いほり》に帰りて旅のつかれをはらすほどに

夏《なつ》衣《ごろも》いまだ虱《しらみ》をとりつくさず

出典　『芭蕉文集　去来抄』小学館

あとがき

私は「人生後半は勝手気ままに生きてみたい」と思っていた。それが還暦を迎える年に行った「自転車で行く『奥の細道』逆まわり」の旅だった。一つの山を越すと人間は欲のでるものらしく、もう一度、夢をみたくなった。それが今回の「自転車で行く『野ざらし紀行』逆まわり」一〇〇〇キロの旅である。

あれから五年が経ち、私は六五歳、法律的にも高齢者となった。それを今回の旅で思い知らされた。坂道では何度となく足が攣った。「秋風裡奈落の道を落ちて行く」。こんな思いを幾度となく味わった。しかし、諦めはしなかった。自転車を漕ぎながら思ったことがある。例え半年、一年、休んだとしても、それは挫折ではなく次への準備期間なのだ。諦めなければ道は目的地に繋がっているのだ。そう思うと気持ちが楽になった。もう一つは人とも自分自身とも競わないことだ。俳句も優劣をつける手段ではない。しいて言うならそれは自分を静かに見つめる方法なのだ。むやみに気負う必要はない。「がんばれの声を力に蟬の羽化」。やる意志があれば、相当なことが可能なのだ。この旅を通して色んな事を実践し学ぶことができた。

昭和六年三月に創刊した、俳誌「かびれ」は今年二月に通巻一〇〇〇号を迎える。誠に喜ばしいことだ。かびれ俳句理論・精神の確立までの道程、俳誌運営の苦労、戦中戦後を通し「かびれ」を護り徹した多くの同信の思いが私の旅を支えてくれたものと思っている。「かびれ創刊千号」の記念に、好き勝手に書き記した俳句紀行を刊行していただける事になった。ありがたいことである。

時折、旅とは何なのかを考えることがある。旅とは自然に流れる時間に身を任せるのではなく、自分自身の足で歩いて新たな時間を創造することと思っている。その刹那を詠むことが私たちの目指す「かびれ季感詩俳句」なのであり、旅とは明日の理想へ向かって生きる私たちの生活そのものなのである。

本文は総合誌「俳句四季」に連載したものであり、読者の皆さんの応援、編集部の御支援に深く感謝している。

平成二七年一月吉日

大竹多可志

参考文献　『芭蕉文集　去来抄』小学館
『芭蕉を歩く』ＪＴＢ

略年譜

大竹多可志（おおたけ　たかし）

昭和二十三年　茨城県で生まれる
昭和三十七年　「かびれ」入会
昭和四十四年　「かびれ」同人となる
昭和四十五年　第二十回かびれ新人賞受賞
昭和六十三年　第三十八回かびれ賞受賞
平成十四年　「かびれ」主宰を継承
平成二十二年　句集『水母の骨』茨城文学賞受賞
平成二十三年　エッセイ『自転車で行く「奥の細道」逆まわり』茨城文学賞受賞
平成二十六年　俳誌協会編集特別賞受賞

句集『気流』『熱気球』『青い断層』『0秒』『水母の骨』『芭蕉の背中』
著書『自転車で行く「奥の細道」逆まわり』
俳人協会幹事

現住所　〒116-0011　東京都荒川区西尾久八―三〇―一―一四一六

俳句四季文庫

団塊世代がんばれ！
自転車《じてんしゃ》で行《い》く「野《の》ざらし紀行《きこう》」逆《ぎゃく》まわり
―― 俳句の生まれる現場 ――

2015 年 2 月 1 日発行
著　者　大竹多可志
発行人　松尾正光
発行所　株式会社東京四季出版
〒189-0013 東京都東村山市栄町 2-22-28
TEL 042-399-2180
FAX 042-399-2181
印刷所　株式会社シナノ
定　価　本体 1500 円＋税

ISBN978−4−8129−0829−7